星火篇

中华根 民族魂

寻根溯源话陕西

梁星亮 编著

西北大学出版社

**图书在版编目（CIP）数据**

中华根·民族魂：寻根溯源话陕西. 星火篇 / 梁星
亮编著. --西安：西北大学出版社，2018.6

　ISBN 978-7-5604-4206-8

Ⅰ. ①中… Ⅱ. ①梁… Ⅲ. ①陕西—地方史②革命史
—陕西 Ⅳ. ①K294.1

中国版本图书馆 CIP 数据核字（2018）第 153662 号

# 中华根　民族魂
## ——寻根溯源话陕西（星火篇）

编　　著　梁星亮
出版发行　西北大学出版社
（西北大学内　邮编：710069　电话：029-88302621　88303593）

| | | |
|---|---|---|
| 经　销 | 全国新华书店 | |
| 印　刷 | 陕西隆昌印刷有限公司 | |
| 开　本 | 787 毫米×1092 毫米　1/16 | |
| 印　张 | 8.5 | |

| | |
|---|---|
| 版　次 | 2018 年 6 月第 1 版 |
| 印　次 | 2018 年 6 月第 1 次印刷 |
| 字　数 | 92 千字 |

| | |
|---|---|
| 书　号 | ISBN 978-7-5604-4206-8 |
| 定　价 | 48.00 元 |

如有印装质量问题，请与本社联系调换，电话 029-88302966。

# 写在前面的话

在鸦片战争后，近现代中国经历了由屈辱走向崛起的历程，陕西人民以不凡的作为，呈现出一幕幕彪炳史册的历史活剧。自辛亥革命至中华人民共和国成立的 38 年间，陕西更是极具革命传统的地区，在这里发生过的革命大事有 1911 年 10 月最早响应武昌起义的西安起义；有 1917 年响应孙中山护法运动的陕西靖国军的斗争；有 1926 年响应南方北伐战争的西安反围城斗争；有 1927 年国民革命失败后积极响应全国武装起义的清涧、渭华和旬邑等起义；更有发生在 1936 年 12 月转换时局的西安事变，在国家独立、民族解放的历程中，烙下了深深的历史印记。

陕西也是中国共产党在北方建立革命根据地较早和较多的地区。从 1931 年 5 月渭北根据地建立到 1950 年 1 月陕甘宁边区政府历史使命完结、西北军政委员会成立，中国共产党先后在陕西地区建立了渭北、陕甘边、陕北、西北革命根据地和陕甘宁边区等 9 个革命根据地。尤其是中共中央和中央红军长征到达西北苏区，开始了中国共产党历史上的"延安时代"，由此而铸就了共产党人永恒的延安精神。在西北苏区基础上建立和发展起来的陕甘宁边区，不仅成为中国共产党领导的首席抗日民主根据地，而且是延安时期中国共产党局部执政的"试验区"和"示范区"，为中华人民共和国的建立奠定了坚实的政治、经济、文化和干部基础。

在中国近现代史上，陕西还涌现出许许多多的志士仁人，有矢志共和，积极投身推翻帝制的于右任、张凤翙、井勿幕等；有传播马列主义，在陕西创建中共地方组织的先进分子魏野畴、李子洲、刘天章等；有创建西北革命根据地，为中共中央和中央红军长征落脚陕北做出历史贡献的共产党人刘志丹、谢子长、习仲勋等；有在国家危难关头，兵谏逼蒋抗日的千古功臣杨虎城等；有中国共产党的挚友杜斌丞、李鼎铭等；有驰骋疆场、赴汤蹈火的抗日名将关麟征、赵寿山、包森等；还有具有久远影响的文化、科技大师张季鸾、李仪祉、杨钟健等。他们永远令人景仰、令人缅怀。

# 目　录

## 革命狂飙

## 西北曙光

## 延安时代

# 名人谱系

# 革命狂飙

## 北方首举辛亥义旗的西安起义

武昌起义前夕，在资产阶级革命党人的推动下，全国各地会党揭竿而起，农民群众的抗捐、抗粮的现象和市民的抢米风潮到处出现，反洋教的斗争风起云涌，大大小小的武装起义此伏彼起，清王朝的统治处在风雨飘摇之中。"不用掐，不用算，宣统不过二年半"；"黄河泛，汉江泛，淹了清水（指清政权）不见面"；"宣统二年半，到处驻防烂"一类民谣，在民间广为流传。

当时，在陕西同盟会会员井勿幕、宋元恺、樊灵山、柏筱余、郭希仁、张赞元、李桐轩、钱鼎、张钫、邹子良、吴虚白、高又明等人领导下，相继在公益书局、健本学堂、存心堂纸铺、公正和纸店、武学研究社、泾阳柏氏花园、庙湾畜牧场、宜君马栏铁厂、同州中学堂等处，分别建立了秘密革命据点，并通过各种方式在新军和渭北的"刀客"、会党中进行活动。同盟会、哥老会和新军三股势力的联合战线迅速形成，购买军火、试制炸弹、准备起义的工作加紧进行。

1911年10月10日，辛亥武昌首义爆发，举国振奋。武昌起义后的第12天，陕西革命党人就发动了西安起义，成为北方响应武昌首义最早的省份。陕西革命党人选择10

武昌起义（油画）

月 22 日发动起义，是经过缜密策划的。此前曾数次准备
起义，但由于清军戒备甚严等原因，不得不一再搁浅。正
当革命党人转移阵地，准备在渭北起事时，武昌首义爆
发，政局骤变，陕西当局察觉到新军中有革命党人活动，
唯恐生变，遂有把新军分批调离西安，再行逮捕革命党人
的迹象。陕西革命党人经过秘密商议，必须抢在新军调离
前的 22 日举事。同盟会和新军、会党首脑钱鼎、张钫、
张凤翙、张云山、万炳南等 30 余人，齐集西安西郊林家
坟召开紧急会议，共商举事，决定推举张凤翙为总指挥，
于 22 日起义。

　　10 月 22 日上午，震动全省的西安起义爆发，起义军
兵分三路，首先占领了军装局，砸开军械库，夺取枪支弹

药后，又分头占领了护理陕西巡抚钱能训的衙门和其他各衙署及鼓楼制高点。抚署卫队闻警逃遁，驻防西安将军文瑞慌忙逃回满城，钱能训藏匿百姓家中，后被拿获。在西安的前陕甘总督升允趁混乱中出城逃往甘肃，起义军占领了除满城以外的西安全城。当日晚，张凤翙在军装局组设

秦陇复汉军大统领张凤翙与陕西陆军中学堂教习梁国璋等人合影

西北大学校门

革命军临时总司令部，商定用"秦陇复汉军"名号。翌日凌晨，张凤翙下令进攻位于西安城内东北角的满城，文瑞率旗兵拼死抵抗，激战一日城破，文瑞投井自杀，西安全城光复。

10月27日，陕西秦陇复汉军政府正式成立，张凤翙为大统领，钱鼎和万炳南为副统领，随即建立各级军事组织，分设兵马、粮饷、军令正副大都督和西路、北路、南路安抚招讨使及东西两路节度使。接着充实健全政务组织，合军令、民政两府为总务府，总揽一切，下设八个部，分理各项政务。陕西同盟会其他领导人分别在军事组织中占有一定地位，如郭希仁为高等顾问，井勿幕为北路宣慰安抚招讨使，张钫为东路招讨大都督。11月22日，代行中央政府职权的湖北军政府令改大统领为都督，并颁发"中华民国军政府秦省都督印"，陕西秦陇复汉军政府改称中华民国秦军政分府，张凤翙称大都督。陕西军政府的成立，揭开了陕西近代民主革命的帷幕。随后，军政府一方面对付清军的进攻，配合各州、县的起义，大力进行军事行动，以光复全省；一方面迅速在政治、经济上采取措施，以发挥革命政府职能，巩固新生政权。

陕西辛亥革命的重要成果之一是西北大学的创设。以张凤翙为首的军政当局鉴于西北人才缺乏，提出创办西北大学的主张，并于1912年初成立西北大学创设会，张凤翙亲任会长。他认为创办西北大学"关系于现时建设""关系将来之建设"和"关系于外部之防御"。创设会以钱鸿钧为校长，以陕西高等学堂、关中法政大学、原陕西农业学堂、原陕西实业学堂等为基础，筹组西北大学，设预科和法、文、商、农各专科。1912年3月，西北大学正式开学，招收了来自陕西、甘肃、新疆的六七百名学生，为西北地区培养了不少人才。

## 响应护法斗争的陕西靖国军

1917 年 5 月和 9 月，陕籍民党人士焦子静奉孙中山之命，两次由广州回陕组织护法军，维护中华民国临时约法，开展反对段祺瑞和陈树藩的斗争。焦子静回陕后，委任驻扎白水的陈树藩部骑兵团团长高峻为陕西护法军总司令，委任驻西安陈部陕西警备军统领耿直为陕西靖国军招讨使。同年 12 月 3 日和 12 月 10 日，高峻、耿直分别在白水和西安发动起义，民党人士郭坚由凤翔东进增援，与耿直部在鄠县（今西安市鄠邑区）会合。郭坚、耿直在周至召集将校会议，决议发布护法讨陈檄文，宣告成立陕西靖国军，郭坚任总司令，耿直任副总司令。下编 8 个支队，耿庄、李夺、麻振武、马腾蛟、王仕云、刘福田、王钰、郭英夫分别任支队司令。

耿直

1918 年 1 月 25 日，胡景翼部张义安在三原起义，胡景翼、曹世英应邀由富平、耀县（今铜川市耀州区）进至三原支援，经商议达成共组陕西靖国军协议，将起义军编为左、右两翼，分两路进攻西安。右翼总司令胡景翼，参谋长李秉璋，总指挥邓宝珊，下辖 3 个游击支队和 3 个步兵团，田玉洁、张义安、岳维峻分任游击支队司令；冯毓东、李虎臣（李云龙）、康振邦分任步兵团团长。左翼军总司令曹世英，参谋长王烈，下辖 8 个游击支队和 1 个骑兵团，赵子健、石象仪、刘锡麟、石强斋、杨虎城、张玉山、王起才、李秋轩分任游击支队司令，骑兵团团长为王

郭坚

祥生。但是，由于靖国军所属部队来源不同的地域和派系，号令不一，步调不齐，各自为政，纪律松弛。1918年7月，胡景翼、曹世英等委派代表赴上海请于右任回陕。8月，于右任回到三原后，联商各路靖国军将领成立陕西靖国军总司令部，公推于右任为总司令，张钫为副总司令。任命茹卓亭为总参议、刘月溪为参谋长、刘治文为秘书长，将各路举义部队改编为六路序列，分别由郭坚、樊钟秀、曹世英、胡景翼、高峻、卢占魁为司令。1920年续编了第七路，王钰为司令。

1919年3月，靖国军第一、第二路同奉军师长许兰洲"议和"，被收编为第一支队、第二支队。1921年9月25日，胡景翼通电取消陕西靖国军，但靖国军第三路第一支队司令杨虎城反对被收编，坚持打起靖国军旗帜，率部转至扶风、武功一带，并敦请于右任恢复陕西靖国军总司令部。1922年3月23日，于右任被杨虎城迎至武功，复设陕西靖国军总司令部于凤翔，并设行营于武功。杨虎城被晋升为靖国军第三路司令。因形势所迫，同年5月，杨虎城和于右任在凤翔会面后，商定于右任取道甘、川赴沪，杨虎城率部退至陕北，与陕北镇守使井岳秀联合。

1922年4月，直奉战争爆发，冯玉祥率部出关参战，刘镇华代署陕西督军。于右任遂令杨虎城、李夺夺取马嵬。4月22日，杨虎城部攻占马嵬，歼灭直军阎治堂二十师两个营，后退至凤翔。鉴于处在被刘镇华部四面包围的形势下，于右任决定赴上海向孙中山请示革命方略，杨虎城率部撤退至陕北，以保存实力。于右任、杨虎城走后，李夺、麻振武接受刘镇华的改编。至此，陕西靖国军以失败告终。

陕西靖国军总司令于右任

三原县东里花园陕西靖国军司令部旧址

陕西靖国军的"反段驱陈"斗争，反映了陕西人民为找寻革命道路所经历的艰苦历程，同时，靖国军在辖区内实行的文化教育措施，为新文化运动在陕西的传播营造了一定的氛围，在陕西近代革命史上写下了可歌可泣的一章。

## 五四运动在陕西

1919 年 5 月 4 日，北京大学等 13 所大专院校的 3000 多名学生在天安门前集会，反对巴黎和会决定，要求中国政府代表拒绝在和约上签字，要求废除日本企图灭亡中国的"二十一条"，严惩签订"二十一条"的时任北京政府外交次长的曹汝霖和驻日公使陆宗舆、章宗祥。五四运动爆发。

杨虎城（右）、张义安（左）、邓宝珊（中）被时人并称为"靖国军三员战将"

五四运动中，在北京、天津、上海、武汉等地的大学、中学的陕籍学生，都积极参加了当地的反帝爱国运动。北京大学学生会干事、陕籍学生刘天章、李子洲和北京高等师范学校学生杨明轩等参加了5月4日北京学生的集会和游行示威，并参加了火烧赵家楼、痛打章宗祥的斗争，参加游行示威的还有北大陕籍学生杨钟健、呼延震东、刘含初、郝梦九、张耀斗等。当天被捕的学生中有陕籍学生杨明轩、郝梦九。6月3日和4日，北京政府又逮捕学生近千人，陕籍学生刘天章、刘含初被捕。在上海参加五四运动的陕籍学生有雷晋笙、严信民等，在武汉参加五四运动的陕籍学生有王尚德等。

五四运动的消息传到西安后，中等以上学校学生奔走相告，积极响应，或书写标语，或张贴传单，或街头讲演。为了统一行动，支持北京学生斗争，开展西安地区的反帝爱国运动，西安法政专科学校、省立一中、省立三中、第一师范、成德中学等校学生推举代表，在省立一中召开西安学生代表联席会议，坚决支持北京学生的爱国运动，各中等以上学校学生全体罢课，游行示威，组织讲演团，开展反帝爱国演讲，宣传抵制日货。联席会议还先后派代表去省教育厅、省督军公署，要求予以支持，但督军陈树藩秉承北京政府命令，对学生横加指责和威胁，极力压制学生爱国运动，不许学生罢课、游行示威，声言如不遵者即行枪毙，还命令省电报局不准为学生向外拍发电报。随着全国各地爱国学生运动的迅速发展和西安各校学生的坚决斗争，陈树藩被迫答应学生上街讲演、张贴标语、散发传单等要求，但不准游行示威。于是，各校讲演

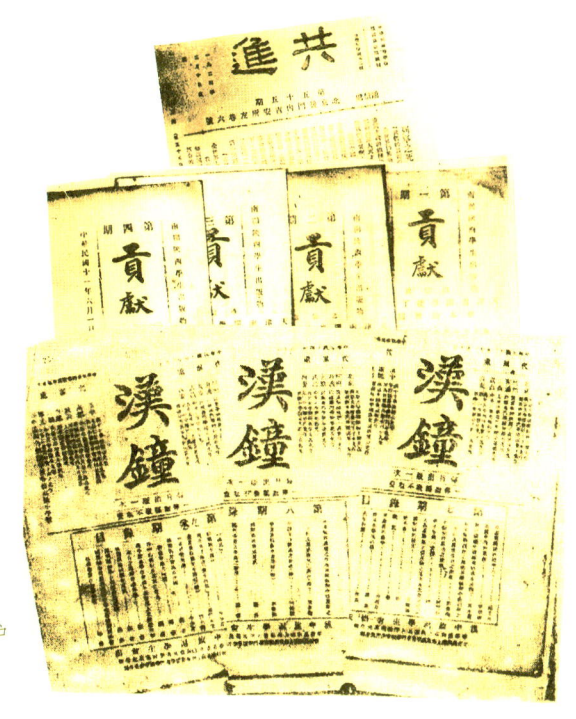

五四运动后陕西学生在京、津、沪创办的进步刊物

团每日轮流在省议会门前讲演，把五四运动消息传播到学校以外的广大群众中去。

5月中旬，西安教育界、商界的爱国人士也行动起来，支持学生行动。5月22日，陕西省教育会、总商会联合向大总统、国务院、参众两院、国民外交协会发电，呼吁青岛问题关系国家存亡，国人应誓死力争，万万不可在丧权辱国的条约上签字。5月下旬，各校学生高举"外抗强权，内除国贼""诛卖国贼曹汝霖、陆宗舆、章宗祥"，以及"头可断，青岛不可丢"等标语和横幅，走出校门，在文庙集会，发表慷慨激昂、声泪俱下的讲演，会后进行了游行。5月25日，《长安日报》报道了各界开会讨论向外通电的情况。5月30日，陕西学界发出通电，决心与全国人民一致行动，维护国家主权。

五四运动中，学生的游行队伍

6月下旬，为了声援北京学生的爱国运动，并加强同全国各地学生运动的联系，省学联选派屈武和李伍亭赴北京。屈武、李伍亭到京后，与旅京陕西学生联系，并与北京及各省学生进行广泛接触，互通情况。他们还参加了6月27日北京各界代表在新华门前举行的请愿活动，屈武被推为面见大总统徐世昌的10名代表之一。6月28日，徐世昌接见北京各界代表，回答学生代表所提问题。代表们对徐世昌的答复不满，屈武也义愤填膺，慷慨陈词："今天丢青岛，明天丢山东，后天就可能丢整个华北，如果政府不想办法，不答应学生们的要求，我们就只好以死力争。"说罢，以头撞地，血流如注。屈武血溅总统府的消息传出后，进一步激起了广大人民群众的愤怒，终于迫使北京政府答应拒绝在巴黎和约上签字。

## 功满三秦的"二虎守长安"

1926年春，河南镇嵩军首领刘镇华在吴佩孚、阎锡山的鼓动、援助下，率镇嵩军八个师号称"十万人马"，西向潼关入陕，企图攻占西安。在众寡悬殊的情势下，不足万人的西安守军李虎臣、杨虎城部坚守城池达8个月之久，史称"二虎守长安"，在陕西革命历史上留下了可歌可泣的篇章。

4月12日，刘镇华部进抵西安城下，至4月17日对西安形成南、北、东三面包围之势。李虎臣派人星夜奔驰三原，与国民军第三军第三师师长杨虎城共商对策，制定联合抵抗方略，决定分兵坚守西安、三原、咸阳。4月18日，杨虎城率5000名官兵进入西安，与李虎臣合兵抗刘，

李虎臣

杨虎城

共守城池，拉开"二虎守长安"的战幕。

5月19日，为了统一军事指挥，坚持反围城斗争，西安守军将领会议决定，城内守军统称"陕军"，取消国民军第二、第三军番号。在杨虎城的力主下，会议公推李虎臣为陕军总司令兼第一师师长，杨虎城和田玉洁为副司令并分兼第二、第三师师长，邓宝珊为指挥，卫定一为副指挥兼第四师师长。5月20日，李、杨就职，并由李部守南城、西城，杨部守东城、北城，卫定一部守西关，分头抗击镇嵩军的进攻。

反围城斗争之初，一些刘镇华任陕西省省长时培植的政客士绅，主张迎刘，反对坚守，一时流言四起，人心惶惶。杨虎城在拿到省议员、和平期成会会长迎降刘镇华的密信后，果断地将其枪毙，并在《新秦日报》发出布告："当此戒严期间，该犯竟敢在本军防地内恣意捣乱，实属罪有应得。"此后再无人公开议和。

在守城战斗的日子里，李虎臣、杨虎城二人一度同住城西北隅广仁寺（又称喇嘛寺），朝夕相处，哪里战况紧急，他们就同时出现在哪里。6月上旬，他们指挥守军粉碎了镇嵩军的东城地道爆破阴谋；6月中旬，经过四昼夜拉锯战，夺回城南咽喉阵地小雁塔；7月，击溃镇嵩军对东北城角的偷袭；9月，刘镇华在多次强攻失败后，企图引诱城内军官投降。李、杨将计就计，令连长戴万镒在西北城角假意献城，诱歼刘部偷城敢死队近500人。

随着守城时间的延长，城内困难越来越大，弹药缺乏，燃料不足，饥荒尤为严重，投降势力也愈加猖獗。在共产党人的帮助和广大群众的大力支持下，李、杨誓不与敌言和，并相约城被破之日，即在钟楼自杀。他们一面镇压投降活动，一面采取得力措施解决城内实际困难：号召部队爱惜弹药，以旧式的弓箭、大刀和砖头、石块与刘军进行短距离作战；实行计口授粮，严厉打击囤积粮食的豪绅；派出纠察，严禁部队私自征粮。李虎臣还将自己心爱

杨虎城与军民公祭围城时死难的军民

革命公园牌楼及纪念亭

的坐骑"黑老虎"杀死以充军食。国民党陕西临时省党部执委王授金把他家中积存的四五百斤口粮，无偿地分给了群众，又用几十块大洋买下一匹骡子杀了，掺些油渣分给大家充饥。

在反围城斗争的艰难境况下，西安学生联合会举办暑期学校，入学者千余人，占当时西安城学生人数的半数以上，分社会科学、自然科学、文艺等三个班，由共产党员刘含初、王授金、赵葆华、雷晋笙、吕佑乾等任教，学习革命理论，培训革命骨干，出版宣传刊物，组织社会救济。张含辉亲自参加《誓师北伐》《天涯兄妹》等新戏的演出。魏野畴、张含辉、侯德朴还先后冒着生命危险，化装出城，分别到渭南、华县（今渭南市华州区）、蓝田等地组织发动群众，建立农民协会和农民武装，配合国民军抗击镇嵩军。后来，魏野畴又到三原，参加了国民军保卫三原的斗争。

在西安军民生死存亡的危急关头，于右任受李大钊之请，赴莫斯科敦促冯玉祥回国参加北伐，并解救被刘镇华围困的西安城。9月17日，冯玉祥、于右任在绥远五原（今属内蒙古自治区）誓师成立国民军联军。接着，经宁夏、固原、平凉等地进入陕境。11月下旬，刘镇华全线溃退，西安城终于在11月28日解围。李、杨乘胜追击，于12月初将刘镇华部赶出陕西。

西安解围后，为纪念围城期间死难的军民，国民军联军总司令冯玉祥率众公祭，建革命公园，负土筑冢，建立烈士祠和革命亭。杨虎城为革命亭题写对联："生也千古，死也千古；功满三秦，怨满三秦。"

# 西北曙光

## 震撼西北的清涧、渭华、旬邑起义

　　1927年4月12日、7月15日，蒋介石、汪精卫相继发动反革命政变，大肆屠杀共产党人和进步人士，轰轰烈烈的国民革命遭到最后失败。但是，中国共产党人并没有被吓倒，他们擦干了身上的血迹，掩埋好同伴的尸体，高举起革命的旗帜，又继续前进了。从1927年8月到1927

1928年5月渭华起义时，召开群众大会的情景

清涧起义指挥部旧址

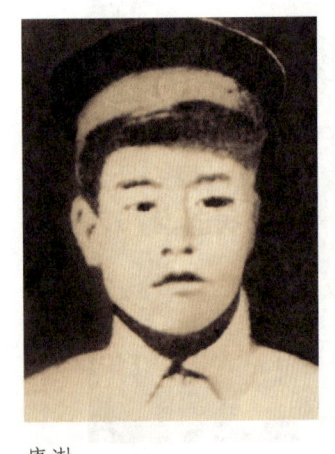

唐澍

年 11 月，中国共产党在全国各地先后举行了南昌起义、秋收起义、广州起义，反抗国民党反动派的屠杀政策。此后，陕西地区的共产党人也随即响应，先后发动了清涧起义、渭华起义、旬邑起义，在陕西和陕西边界地区燃起了土地革命战争的熊熊烈火。

1927 年 10 月 12 日，在中共陕西省委领导下，共产党员唐澍、李象九、谢子长、白乐亭等，以掌握的陕北军阀井岳秀部第十一旅第三营为主力，联络其他几个连的千余官兵在陕西清涧发动起义。起义部队在李象九、谢子长的带领下，转战延川、延长、宜川，起义部队发展到 1700 余人。但起义部队遭到国民党军井岳秀部高双成师的围攻，南下转移到韩城。经过短期准备，以谢子长营为基础在韩城举行二次起义，成立西北工农革命军游击支队，总指挥为唐澍，副总指挥为谢子长，参谋长为阎揆要。起义

渭华起义总指挥部旧址

军北上途中进攻宜川受挫，继续北撤到延安、延川、安定、安塞、保安一带，沿途屡遭国民党军袭击，损失惨重，遂分散隐蔽，等待时机。清涧起义是共产党人在西北发动的第一次武装起义，打响了北方武装反抗国民党反动派的第一枪，对西北地区的革命运动产生了深刻的影响。

1927年9月26日，中共陕西省委根据八七会议精神，决定在群众基础好、斗争热情高的渭南、华县地区进行革命武装斗争。党团组织选取渭南的赤水职校和华县高塘小学为立足地，秘密组织武装，准备暴动。1928年5月，渭华起义爆发，由军委主席刘志丹，总司令唐澍，参谋主任王泰吉领导的起义军民汇合，展开对敌斗争，迅速形成以华县高塘、渭南塔山为中心，东到少华山、西至临潼东、南至秦岭北麓、北及渭河两岸，方圆200多平方千米，拥有数十万人口的红色武装区域，先后建立区、村苏维埃48个，绝大多数苏维埃政府都有自己的武装力量，军民一条心，斗土豪、杀劣绅，破坏敌人交通干线和通信设施。在敌人的反扑下，起义军民同仇敌忾，浴血奋战，两次击退"围剿"之敌，使国民党陕西统治者失魂落魄，一时间红色区域内反动政权土崩瓦解，反动教会荡然无存，反动势力被一扫而光。渭华起义成为全国继南昌起义、秋收起义和广州起义之后，北方地区最有影响的起义之一。然而，国民党反动派与陕西军阀视渭华起义为"心腹大患"，他们不容许这个在军阀混战之中发展起来的人民革命力量存在。起义军民同反动派进行了艰苦卓绝的斗争，终因敌众我寡，在敌人的残酷镇压下而失败，三百多名渭华儿女用自己年轻的生命谱写了一曲英雄壮歌。

1928年5月，为了策应渭华起义，中共陕西省委领导和发动了旬邑起义。5月6日，旬邑县清水塬附近几个村庄的140多名群众，在区委书记吕佑乾和共产党员许才升、吕凤岐等领导下，手持农具、梭镖和大刀，以反抗县粮秣局额外征收粮食为号召，连夜向旬邑县城进发。7日拂晓，起义队伍攻入县政府，打开监狱，救出了被捕关押的共产党员和在押群众，处决了县长李克宣及恶差数人。5月12日，起义农民在旬邑县城召开大会，宣布成立旬邑县临时苏维埃政府，主席为许才升，军事总指挥为程永盛。同时在县城周围的张家村、那坡子、底庙、职田、土桥等村镇打土豪，分粮食，起义烈火燃遍旬邑，波及彬县、淳化、永寿以至甘肃宁县、灵台等地。国民党反动当局一方面派代理县长李焕章率民团反攻县城，一方面暗中收买混进起义队伍中的内奸，在县城发动叛乱。5月30

旬邑起义指挥部旧址

日，起义遭到镇压，反动当局逮捕了吕佑乾、吕凤岐、许才升、程永盛、王浪波、程国柱、王廷碧等七名起义领导人，并于次日将他们杀害。

清涧、渭华、旬邑起义由于客观上的敌强我弱，主观上的缺乏斗争经验，加上受中央"左"倾盲动错误的影响，先后都失败了。但起义表现了共产党和人民英勇无畏的革命气概，打击了敌人，锻炼了干部和群众，播撒下革命的火种，对后来陕西革命运动的发展、工农红军的组建、革命根据地的建立，都起到了极为重要的作用，在陕西革命史上写下了光辉的一页。

## 陕甘边、陕北革命根据地的建立和发展

　　陕甘边革命根据地，是土地革命战争时期在中共陕西省委的领导下，在清涧起义、渭华起义、旬邑起义失败后，以开展兵运工作为基础，在陕西和甘肃边界地区逐渐建立和发展起来的革命根据地，经历甘肃正宁寺村原、陕西耀县照金、甘肃华池南梁三个阶段，历时五年之久。

　　1931年9月，晋西游击队西渡黄河进入陕北，改为陕北游击支队。11月初，陕北游击支队与刘志丹领导的南梁游击队汇合。陕西省委先后派荣子卿、谢子长等人

陕甘边照金革命根据地——薛家寨旧址

陕甘边照金革命根据地

到部队加强领导。1932年1月，陕西省委将刘志丹领导的游击队和陕北游击支队改编为西北反帝同盟军。2月12日，反帝同盟军在甘肃正宁县三嘉原改编为中国工农红军陕甘边游击队，下辖三个大队，共400多人。12月24日，陕甘边游击队正式改编为中国工农红军第二十六军第二团。

红二十六军成立后，按照中共中央创建与发展陕甘新苏区的指示精神，以耀县照金为中心创建陕甘边根据地。1933年3月8日，中共陕甘边特委在照金成立，同时成立了陕甘边游击队总指挥部。4月，陕甘边革命委员会成立，主席为周冬至，副主席为习仲勋。在特委和革委会领导下，根据地军民进行了土地改革。同年6月，国民党军围攻照金根据地，杜衡违背中共陕西省委指示，决定红二团南下，创建渭（南）华（县）蓝（田）洛（南）根据地，结果部队被打散。7月26日，中共陕西省委决定将渭北游击队改编为红二十六军第四团。8月14日，陕甘边特委在照金陈家坡主持召开陕甘边区党政军联席会议，决定成立陕甘边红军临时总指挥部，统一领导红四团、耀县游击队及王泰吉率领的西北民众抗日义勇军。10月中旬，国民党军及地方民团乘红军主力西征转入外线作战之际，对照金根据地进行大规模"围剿"，照金失守。

11月3日，陕甘边红军临时总指挥部在甘肃合水县包家寨召开会议，决定撤销临时总指挥部，成立红二十六军四十二师，开辟以南梁为中心的陕甘边根据地。11月7日，红四十二师成立，师长先后为王泰吉、刘志丹、杨森，下辖红三团、红四团及后来建立的红一团、二团、西北抗日义勇军。1934年2月25日，陕甘边革命委员会在南梁重建，主席为习仲勋。革委会下设土地、劳动、财政、粮食、肃反、军事、文化等委员会。同时，建立革命军事委员会，主席为刘志丹。11月，陕甘边工农兵代表大会在南梁荔园堡召开，宣布成立陕甘边苏维埃政府，主席为习仲勋。在此前后，陕甘边根据地先后建立了华池、庆北、合水、新正、永红、新宁、安塞、赤安、中宜、定边、肤甘、红泉、赤川、靖边、淳耀、赤水等县苏维埃政府（革委会）。

陕北革命根据地是土地革命战争时期在中共陕北特委、中共陕西省委、中共北方局、中共河北省委、中共中央驻北方代表领导下，由谢子长、刘志丹、马明方、马文瑞等经过艰苦探索和奋斗而创建的红色区域。

1927 年 10 月 12 日，在中共陕西省委领导下，唐澍、李象九、谢子长等共产党员发动了清涧起义，在韩城改编为西北工农革命军游击支队。1928 年 4 月，中共陕北特委成立。1931 年 9 月，晋西游击队西渡黄河来到陕北，不日将晋西游击队改为陕北游击支队。11 月上旬，陕北游击支队在甘肃南梁与刘志丹领导的游击队汇合。1932 年 3 月，中国工农红军延川游击队成立，翌年改编为陕北游击队第一支队。到 1934 年 7 月，陕北特委先后建立了八支游击队，红色区域迅速扩大，并出现了大片的巩固区。1934 年 7 月 8 日，中国工农红军陕北游击队总指挥部在安定成立，下辖一、二、五支队，总指挥为谢子长。到 1934 年冬，陕北红军游击队已发展到二十多支，为建设

中共陕甘宁边区特委、中共陕北特委联席会议旧址——安定县周家崄

一支正规红军打下了坚实基础。1935 年 1 月，中共陕北特委将陕北红军各团合编为中国工农红军第二十七军八十四师，师长杨琪。至此，中共陕北党组织领导的武装力量有主力红军一个师，先后下辖三个团和数十支游击队。

随着武装力量的不断扩大，根据地的政权建设也发展起来。1935 年 1 月下旬，陕北省第一次苏维埃代表大会在安定召开，宣布成立陕北省苏维埃政府，主席为马明方，副主席为崔田民、霍维德，下设土地、粮食、劳动、财经、文教等部及保卫、贸易两局。根据地内各县苏维埃政权也纷纷建立，先后建立的有赤源、秀延、仲远、延安、横山、清涧、吴堡、绥德、佳芦、延川、延水、靖边、米东、米西、神木、府谷等县苏维埃政府和革命委员会。

## 硕果仅存的西北革命根据地

土地革命战争时期，中国共产党在祖国大江南北开展游击战争，开辟了十多块革命根据地。由于"左"倾教条主义和冒险主义，使党在政治上、军事上都遭受了严重损失，白区几乎损失百分之百，红军被迫先后撤出根据地，实行战略转移。正如毛泽东所说："结果只剩了一个陕北。"

西北根据地的军民在刘志丹、谢子长、习仲勋等人的领导下，在毛泽东关于进行土地革命、开展武装斗争、建立根据地思想的指导下，独立自主地领导军民不断粉碎国民党军的"围剿"，使根据地不断巩固、扩大，先后建立了几十个县级苏维埃政权，成了土地革命时期全国硕果仅

刘志丹

谢子长

习仲勋

存的一块完整的红色区域。

　　1935 年 2 月，中共陕甘边特委、陕北特委在安定（今子长）周家崄召开联席会议，决定成立中共西北工作委员会和西北革命军事委员会，统一领导陕甘边、陕北两块革命根据地和武装力量。谢子长牺牲后，刘志丹率领西北红军粉碎了数万国民党军的"围剿"，使陕甘边、陕北根据地连成一片，形成西北革命根据地。

　　1935 年 6 月，西北红军粉碎了国民党军对西北革命根据地的第二次"围剿"，解放了安定、延长、延川、安塞、靖边、保安等六座县城，使陕甘边、陕北两个苏区连成一片，范围扩大到北起长城，南至淳化、耀县，西接环县，东至黄河的广大地区。1935 年 9 月，红二十五军长征到达陕北，与红二十六军、二十七军会师。9 月 17 日，鄂豫陕省委、西北工委与三支红军领导在永坪召开会议，决定撤销西北工委和鄂豫陕省委，成立中共陕甘晋省委，书记朱理治。三支红军合编为红十五军团，军团长徐海东，政委程子华，副军团长兼参谋长刘志丹。随后即投入

参加直罗镇战役的红一方面军机枪连

西北根据地的第三次反"围剿"斗争，先后取得了劳山、榆林桥战役的胜利。

10月19日，中共中央率领中央红军长征到达陕北，西北革命根据地进入由中共中央直接领导的阶段。11月，中央红军和红十五军团配合作战，取得了直罗镇战役的胜利，彻底粉碎了国民党军对西北革命根据地的第三次"围剿"。同时，重新调整了西北革命根据地的行政区划，将西北革命根据地分设为陕北、陕甘两个省和神府、关中、三边三个特区。1936年5月，又在陕甘宁三省边界地区设立了陕甘宁省，由中共西北中央局、中华苏维埃共和国

红十五军团成立时的情景

1935年,红一军团领导人与红十五军团领导人在陕北

中央政府西北办事处统一领导。

中共中央到陕北后,西北根据地军民以极大的革命热情支援中央机关和红一方面军,做出了重大贡献。根据地人民千方百计筹集军粮、军费,踊跃参军参战,各方动员做好战地勤务工作。节衣缩食,支援红军作战,是根据地人民群众欢迎中央红军的实际行动。陕北省苏维埃政府在中央红军刚进入根据地时就完成了970余石粮食的任务。赤源县在1935年12月26日前筹款1600元。为扩大红军,许多共产党员、共青团员和苏维埃干部带头参军,父送子、妻送夫、兄弟相争参军的动人景象随处可见。富县组建了一个团,整建制编入红二十九军。直罗镇战役时,富县和中宜县苏维埃政府组织了数百副担架转送伤员和军用物资。中央红军到陕北时,已近初冬,缺衣少鞋,根据地妇女夜以继日缝衣做鞋,截至1936年3月,陕北省群众做军鞋8486双,袜子553双。延川县在4天内赶制军服3000套。一些地方妇女还组织洗衣队、缝补班,为红军伤病员服务。西北根据地地处偏僻,土瘠人贫,人民生活十分艰难困苦,突然增加万余人的用度,困难是可以想象的。根据地人民群众的大力支援和配合,保证了中央和红军的衣食用度,为将中国革命的大本营放在西北做出了巨大的贡献。正如毛泽东1945年4月在七大工作方针中所指出的"陕北是两点,一个是落脚点,一个是出发点"。

西安事变和平解决后,中共中央成立了中共陕甘宁边区委员会。1937年9月6日,中华苏维埃共和国中央政府西北办事处更名为陕甘宁边区政府。在中共中央的直接领导下,陕甘宁抗日根据地进入了新的历史发展时期。

## 转换时局的西安事变

1979 年 4 月 12 日，时任中共中央副主席、全国人大常委委员长的叶剑英到西安视察，来到阔别多年的八路军西安办事处旧址。他抚今追昔，百感交集，在纪念馆留言簿上挥笔题诗，写到："西安捉蒋翻危局，内战吟成抗日诗。楼屋依然人半逝，小窗风雪立多时。"诗的前两句把人们的思绪带到了 1936 年那不平凡的岁月。

1936 年，以张学良为首的东北军和以杨虎城为首的十七路军，在西北苏区"围剿"红军屡遭失败，同时张、杨受中国共产党抗日民族统一战线政策及人民抗日救亡运动的影响，与红军停止交战，并要求蒋介石联共抗日。蒋介石拒绝了张、杨的要求，调嫡系部队至豫陕边境逼迫张、杨进攻红军。12 月上旬，蒋介石亲临西安督战，张、杨在多次要求联共抗日被拒绝后，于 12 月 12 日发动兵谏，在临潼华清池和西安分别扣留了蒋介石以及随蒋来陕的军政大员，逼蒋联共抗日。史称"西安事变"，亦称"双十二事变"。

西安事变发生的当天，张学良、杨虎城等 18 位高级将领署名发表《对时局通电》，提出八项抗日主张。同时，张学良立即致电在陕北保安的中共中央，希望听取中国共产党的意见。12 月 17 日，应张、杨的要求，中共中央派周恩来，秦邦宪（博古）、叶剑英等组成中共代表团赴西安参加调解谈判，同时命令红军从陕甘地区南下至西安附近集中，协助东北军、西北军准备迎击亲日派的"讨伐"。

周恩来等到达西安后，向张学良明确表示中共对蒋介石的态度是：保证蒋的安全，但要声明如果南京挑起内战，则蒋的安全无保证。18日，中共中央致电国民党，进一步提出和平解决西安事变的五项条件：召开抗日救国代表大会；自陕甘撤退"中央军"，援助晋绥抗日前线，承认红军和西安方面的抗日要求；停止内战，一致抗日；开放人民抗日救国运动，释放一切政治犯；实现孙中山先生的三大政策。中共中央的态度和主张，得到各界爱国人士和许多国民党上层人士的赞同。

12月19日，中共中央认为，西安事变的发动，存在着两种前途：一是有可能造成对于中华民族极端危险的新的大规模内战；一是仍有可能争取和平解决，从而为结束"剿共"内战，实行一致抗日创造条件。中国共产党力争避免前一"前途"而实现后一"前途"，坚决主张用和平方式解决西安事变引起的问题，反对新的内战。同时主张用一切方法联合南京的左派，争取中派，反对亲日派，以推动南京政府走向抗日。

12月23日，张学良、杨虎城同南京政府派来的代表宋子文、宋美龄进行谈判，周恩来作为中共代表也参加谈判，提出了和平解决事变的六项主张：（一）停战，撤兵至关外；（二）改组南京政府；（三）释放政治犯，保障民主权利；（四）停止"剿共"，联合红军抗日，共产党公开活动；（五）召开各党、各派、各界、各军救国会议；（六）与同情抗日国家合作。张、杨赞成六项主张。宋子文也表示基本同意并答应转达给蒋介石。同日下午，三方举行第二轮会谈。宋子文提议先组织过渡政府，三个月抗日战争开始后再改造为抗日政府。双方就过渡政府的具体人选交换了意见，原则上取得一致，但在何时放蒋问题上发生了

1934年10月，蒋介石、张学良抵陕后在西安北城门楼上视察

1936年12月13日，《西北文化报》中有关张学良、杨虎城发动西安事变的报道

杨虎城

张学良

西安各届群众上街游行支持张学良、杨虎城的爱国之举，呼吁联合抗日

中共代表团主要成员周恩来（右）、叶剑英（中）、博古（左）在西安

西安事变时,蒋介石在西安的住所——新城大楼东厢房

西安事变期间,彭德怀(右六)、任弼时(左四)等红军将领与十七路军部分将领在三原

分歧，谈判无结果。24 日上午，三方举行了第三轮会谈，达成了九条协议，基本上同意张、杨在事变后发出的八条通电，也承认了中共、红军、苏区的合法地位。同日晚，周恩来在宋氏兄妹陪同下去见蒋介石，并说明了中共抗日救国的政策。蒋介石同意中共代表提出的六项主张，但要求不采取签字形式，而以他的人格担保履行这些协议。25日，蒋介石在张学良的陪同下返回南京。至此，西安事变和平解决。

西安事变和平解决成为时局转换的枢纽。从此，中国各阶级、阶层、政党、团体、派别终于结束了"兄弟阋于墙"的纷乱局面，走向共御外侮的历程。1937 年 1 月，驻扎在延安、甘泉、富县、洛川的国民党东北军、西北军陆续南撤。1 月 10 日，毛泽东率领中共中央机关一行离开保安，于 13 日下午到达延安,在这里度过了整整十个春秋。

# 延安时代

## 红军长征的落脚点

1934 年 10 月，中共中央率中国工农红军第一方面军撤离中央根据地，开始了悲壮的战略转移，历经湘江之战、四渡赤水、飞夺泸定桥、翻越夹金山、突破腊子口等艰难险阻，于 1935 年 9 月 18 日到达甘肃岷县以南的哈达铺（今属宕昌县）。在这里，根据从当地找到近期的《大公报》《民国日报》《晋阳日报》等报纸上，获悉西北红军和西北根据地仍然存在的信息，毛泽东果断地提出：到陕北去！9 月 20 日，中共中央在哈达铺召开政治局常委会议，决定红军北上部队正式改编为中国工农红军陕甘支队（简称陕甘支队），彭德怀任司令员，毛泽东兼任政治委员，下设三个纵队，全支队共 7000 余人。22 日，毛泽东在陕甘支队团以上干部会议上做了关于形势和任务的政治报告，进一步提出陕甘支队前进的目标是陕北，那里不但有刘志丹的红军，还有徐海东的红军，还有根据地！我们要抗日，首先要到陕北去！毛泽东号召红军指战员：胜利前进吧，到陕北只有七八百里了，那里就是我们的目的地，就是我们的抗日前进阵地！

1935 年 9 月 27 日，陕甘支队到达甘肃通渭县榜罗镇，当晚在这里召开中央政治局常委会议，根据新了解的情况，决定将中共中央和红军的落脚点放在陕北，保卫和扩大苏区，以陕北苏区来领导全国革命，以陕北作为领导中国革命的大本营。10月10日，陕甘支队主力翻越六盘山，抵达镇原县的三岔镇，刘志丹派来寻找中央红军的代表也来到这里。毛泽东看了刘志丹写的亲笔信后，心情无比振奋，当即登上一个山坡，挥舞着手中的信，以高昂而洪亮的声音向部队指战员宣布："同志们，我们就要到达陕北根据地了！陕北红军派人来接我们了！"红军指战员听到这一消息后欣喜若狂，大家激动地互相拥抱，流下了喜悦的热泪。10月17日，陕甘支队从定边县的五股掌、铁角

长征到达西北苏区后的红四方面军一部

吴起镇

城分两路入陕。10 月 19 日，陕甘支队抵达保安县吴起镇
（今吴起县），进入西北革命根据地。

　　中国工农红军陕甘支队刚进入西北苏区，宁夏军阀马
鸿宾、马鸿逵的骑兵和原东北军白凤翔部的骑兵即尾随而
来，对红军形成夹击之势。10 月 21 日，陕甘支队在彭德
怀的指挥下，于吴起镇西山地设伏，全歼国民党军第三十
五师骑兵团，击溃第三十二师和三十六师两个骑兵团，即
著名的"切尾巴"战斗。毛泽东高兴地说："步兵打骑兵，
这是个创举啊！"毛泽东还写下热情洋溢的诗句赞扬彭德
怀，诗曰："山高路远坑深，大军纵横驰奔，谁敢横刀立
马，唯我彭大将军。"彭德怀谦虚地将诗最后一句改为"唯
我英勇红军"后把诗稿还给了毛泽东。

中央红军和西北红军会师后，国民党东北军第五十七军四个师，由甘肃庆阳、合水沿葫芦河向陕北富县进犯，东北军王以哲部六十七军一个师沿洛川、富县打道北上，企图乘中央红军立足未稳，将红军聚歼在洛河以西、葫芦河以北地区。11月5日，毛泽东、周恩来、彭德怀在甘泉下寺湾召开军团以上干部会议，决定在富县直罗镇采用包围战歼灭追踪之敌。11月23日下午，红军在张家湾地区歼其一个团。与此同时，东北军一〇九师师长牛元峰及其残部500余人，被红十五军团围在镇东头的土寨子里，24日上午被红军全歼，牛元峰待援无望自杀身亡。直罗镇战役胜利，最终打破了国民党军对西北根据地的第三次"围剿"。毛泽东称这次战役的胜利"使刚刚会合的南、北、中三支红军，得到进一步的团结"，"在西北建立根据地，算是举行了奠基礼"。

## 八路军抗日的出发点

1937年7月，日本侵略军发动卢沟桥事变，标志着抗日战争全面爆发。面对新的形势，中国共产党如何发动民众参加抗日战争？如何处理和国民党的关系？成为亟待解决的重大问题。1937年8月22日至25日，中共中央在陕北洛川县冯家村举行的中央政治局扩大会议，史称洛川会议。出席会议的中共中央政治局委员和候补委员有张闻天、毛泽东、朱德、周恩来、博古、任弼时等22人。

会议通过了《关于目前形势与党的任务的决定》，还根据毛泽东的提议，通过了《抗日救国十大纲领》：一、打倒日本帝国主义；二、全国军事的总动员；三、全国人

洛川会议旧址

民的总动员；四、改革政治机构；五、抗日的外交政策；六、战时的财政经济政策；七、改良人民生活；八、抗日的教育政策；九、肃清汉奸卖国贼亲日派，巩固后方；十、抗日的民族团结。

1937年8月22日，根据国共两党谈判达成的协议，国民政府军事委员会宣布，在陕甘宁地区的红军主力部队改编为国民革命军第八路军，辖第一一五、第一二〇、第一二九师。8月25日，中共中央革命军事委员会发布改编命令，将红军前敌总指挥部改编为第八路军总指挥部，以朱德为总指挥，彭德怀为副总指挥，叶剑英任参谋长，任弼时任政治部主任。下辖第一一五师，林彪任师长；第一二〇师，贺龙任师长；第一二九师，刘伯承任师长。

中国工农红军改编为国民革命军，在红军将士中引起很大震动，许多干部、战士对"红军改名""穿国民党军

刘伯承

服""戴国民党帽徽"不理解,说道:"过去我们戴着红帽徽为穷人闹翻身,国民党军队打了我们多少年,如今却要摘下红五星,换上他们的帽徽,想不通。"9月6日,在陕西泾阳石桥镇举行的抗日誓师大会上,八路军第一二九师师长刘伯承将头上的红军帽摘下来,抚摸着红五星,说道:"不管戴什么帽子,不管穿什么衣服,我们的心永远是鲜红的。同志们,我们永远是共产党领导的人民军队。我们现在穿的是当年大革命时期北伐军穿的衣服,戴的是当年北伐军的帽徽。我们要保持红军的本质,也要发扬北伐军的革命精神,而且要比北伐军更好。同志们,为了救中国,暂时和红军帽告别吧!"说罢便将缀有国民党党徽的军帽迅速戴在头上,然后发出命令:"我宣布,换帽子!"随着刘伯承一声令下,全师指战员一起戴上了准备好的灰

八路军骑兵整装待发,开赴前线

色军帽。换完军帽，刘伯承带领全师 13000 名官兵宣誓："为了民族解放，为了国家富强，为了同胞幸福，为了子孙后代，我们一定要抗战到底，把侵略者赶出去！"

红军改编完成后，八路军第一一五师主力一部于 1937 年 8 月 22 日由陕西三原出征，第一二〇师主力于 9 月 3 日由陕西富平庄里镇出征，第一二九师和八路军总部分别于 8 月 30 日、9 月 6 日由陕西泾阳出征，开赴华北抗日前线。八路军所到之地，沿途群众奔走相告，犹如欢庆盛大节日，杀猪宰羊，箪食壶浆，慰问子弟兵。有的地方的群众搭起彩楼，敲锣打鼓，鸣放鞭炮，夹道欢迎。在黄河渡口的韩城芝川镇，由工商界和文化教育界名流参加的韩城各界欢送八路军筹备委员会，在黄河渡口筹集了百余艘渡船，调集了数百名船夫，在群众的大力协助下，数千名八路军将士顺利渡过黄河，沿同蒲线北上，对日作战。

1937 年的 9 月中下旬，正当八路军出师华北之时，日军沿津浦铁路、平汉铁路南下，分别占领河北沧州、保定等地。沿平绥铁路推进的日军进入山西北部，占领天镇、广灵、大同，晋绥军纷纷向雁门关方向撤退。进驻五台山的八路军总部指示：第一二〇师从西面驰援雁门关；第一一五师从东面配合友军作战，对从灵丘增援平型关之敌实施攻击。同时，第一二九师开赴正太铁路南侧，阻击日军。

9 月 22 日，日军第五师团一部首先从灵丘向平型关方向进犯，9 月 23 日和 24 日在平型关正面及团城口与中国守军发生激战。9 月 24 日，八路军第一一五师冒雨由冉庄向平型关东北的白崖台前进，在小寨村至老爷庙公路附近山地设伏，待机歼敌。9 月 25 日晨，日军第五师团第二十一旅团一部进入伏击区，八路军利用居高临下的有

活跃在华北战场上的八路军

利地形，充分发挥近战和山地战的特长，对陷入混乱的日军实行分割、包围，与敌进行白刃格斗，歼敌 1000 余人，击毁日军汽车 100 余辆，缴获一批辎重和武器。平型关战役是华北战场上中国军队主动寻歼敌人的第一个大胜仗，也是八路军开赴抗日前线后首战告捷，极大地振奋了全国军民的胜利信心，提高了共产党和八路军的威望。10 月18 日，八路军第一二〇师进抵雁门关以南地区，截击日军汽车 200 余辆，毙伤日军 300 余人，占领雁门关。10 月19 日晚，八路军第一二九师一部袭击了日军代县阳明堡机场，歼灭日军百余人，击毁日机 24 架。

# 抗日民主模范根据地陕甘宁边区

延安时期，在中国共产党领导的诸多抗日民主根据地中，中共中央和毛泽东等领导人十分重视陕甘宁边区的建立和建设。陕甘宁边区从 1937 年 9 月正式成立，到 1950 年 1 月结束，历时近 13 年。毛泽东说："陕北已成为我们一切工作的试验区，我们的一切工作在这里先行试验。""陕甘宁边区的方向就是全国新民主主义的方向。"

在陕甘宁边区，中国共产党已发展成为代表中国人民利益和先进文化的马克思主义政党，经过整风运动和中共七大，中共制定了一条正确的马克思主义的思想路线、政治路线和组织路线，确立了毛泽东思想在全党的指导地位，形成了以毛泽东为核心的中央领导集体，实现了全党在思想上、政治上、组织上的空前团结和统一；中共破除了教条主义的束缚，成功地把马克思列宁主义基本原理与中国革命的具体实际紧密结合起来，完整地提出新民主主义革命的总路线和各项纲领，具有成功领导统一战线、武装斗争、党的建设的丰富经验；中共在总结历史经验的基础上，形成了理论和实践相结合的作风，和人民群众紧密地联系在一起的作风，以及批评与自我批评的作风，成为中国革命坚强的领导核心，使中国革命力量获得了空前发展和壮大，中共党员发展到 120 万人，人民军队发展到 120 余万，民兵发展到 260 万。抗日民主根据地面积近 100 万平方千米，人口近一亿。

在陕甘宁边区，中国共产党实现了新民主主义革命走向胜利的历史性转折。1935 年 10 月，中共中央到达陕北

中国共产党第七次全国代表大会会场

陕甘宁边区政府旧址

1936年毛泽东和徐特立在
陕北保安

陕甘宁边区参议会第二届参议员合影

时率领的部队仅有 7000 多人，中国革命面对几乎从零开始的局面。从中共中央到达陕北到全面抗日战争爆发前，中国共产党以"西北大联合"促成了全国抗日大联合，打开了中国革命的新局面。抗日战争全面爆发后，中国共产党不仅开辟了广大的敌后抗日战场，而且始终坚持抗战、团结和进步，维护了全民族抗战的大局，取得了中华民族解放战争的伟大胜利，并使自己成为决定中国命运与前途的强大力量，为新民主主义革命的胜利奠定了坚实的基础。1946 年 6 月，全面内战爆发后，中共团结一致，生机勃勃，仅用一年半时间，就用"小米加步枪"打败了"飞机加大炮"的国民党军的进攻，取得了人民解放军战略进攻的胜利，极大地推进了中国革命胜利的进程。1948 年 4 月 21 日，中共中央离开陕北不到一个月，被国民党军占领一年一月又三天的边区首府延安宣告光复；只用了 13 个月，人民解放军便占领南京，国民党政权在大陆覆亡；离开陕北刚刚一年半的时候，中华人民共和国宣告成立。

在陕甘宁边区，中国共产党以边区作为局部执政的"实验区"和"示范区"，在中共局部执政史上具有承上启下、继往开来的地位和作用。中共在全国范围执政之前，曾经有江西时期、延安时期、西柏坡时期三次局部执政的实践。延安时期陕甘宁边区不仅成为"民主中国的模型"，而且形成的一系列政治、经济、文化、社会建设的制度和政策，培养的一大批能打仗、懂经济、善管理的干部队伍和建设人才，为中华人民共和国的建立和建设奠定了坚实的基础，也为中国共产党在全国范围执政积累了丰富经验。

陕甘宁边区各项建设的巨大成就受到中外人士的广泛认同和赞许，也吸引着一大批国内外人士纷至沓来。从1938年到1941年，来边区的中外人士就达7000多人。在

1945年8月27日，国民党代表张治中和美国驻华大使赫尔利到延安迎接毛泽东赴重庆谈判

邓宝珊

国内，1938 年，卫立煌访问延安；1938 年、1946 年，梁漱溟先后两次访问延安；1939 年、1943 年，邓宝珊先后两次访问延安；1940 年，陈嘉庚访问延安；1944 年和 1945 年，张治中三到延安；1945 年 7 月，国民参政会六位参政员访问延安；等等。国际上，继 1936 年夏，美国著名记者埃德加·斯诺采访西北苏区后，美国记者史沫特莱、斯诺夫人海伦·福斯特·斯诺，美国海军军官卡尔逊，苏联友人白列斯托夫、马里果夫，英国记者贝特兰、德国记者希伯，加拿大医生白求恩一行、印度医疗队爱德华一行等先后来到延安和边区，还有美军观察组于 1944 年 7 月来延安和边区考察历时三年之久。这些中外人士的访问、参观、考察，大都对延安和陕甘宁边区的各项建设和社会进步留下了极佳的印象，有的被写成报道在国统区发表；有的被写成回忆录传之后世；有的被写成报告发回国内，传遍国内外。

1940 年 2 月，毛泽东在延安抨击国民党顽固派对陕甘宁边区的诬蔑时，十分坚定地指出："陕甘宁边区是全国最进步的地方，这里是民主的抗日根据地，这里一没有贪官污吏；二没有土豪劣绅；三没有赌博；四没有娼妓；五没有小老婆；六没有叫花子；七没有结党营私之徒；八没有萎靡不振之风；九没有人吃磨擦饭；十没有人发国难财。"这就是新民主主义的模范——陕甘宁边区向国人和世界展现的形象。许多在延安战斗生活过的老战士，至今回忆起在延安和陕甘宁边区生活与战斗的往事，总是一往情深，津津乐道，称延安和陕甘宁边区是温暖的大家庭，"这里没有尔虞我诈，没有钩心斗角，有的是团结友爱、互相帮助"。在延安和陕甘宁边区，"大家在一起无拘无

毛泽东朱德与美军观察组在一起

毛泽东(右二)、朱德(左二)、周恩来(左一)、叶剑英(右一)等接见美军观察组成员

束，彼此都很坦诚，谁也用不着戒备谁，你完全可以把心胸全部敞开"。

## 党中央转战陕北的日日夜夜

1947 年，党中央和毛泽东等党的领导人统率千军万马，在陕北黄土高原历经一年零五天的艰苦转战，途经 12 个县，留驻 38 个村庄，行程千余公里、三战三捷、真武洞祝捷、王家湾的鱼水情、天赐湾转危为安、毛泽东"吃钱钱饭"等故事，演绎了一幕幕震撼世界的活剧，发出了一个个令人振奋的号召，留下了一段段感人肺腑的佳话，至今仍为人们口口相传。

1947 年 4 月 13 日，毛泽东、周恩来、任弼时率领中共中央机关转移到靖边县王家湾（今属延安市安塞区），在这里停留 50 多天。王家湾是一个小村庄，住着十七八户人家，半山坡上有几排窑洞，双羊河绕山北流。毛泽东、周恩来、任弼时、陆定一住在贫农薛如宪的两孔半套窑里。窑洞又小又黑，毛泽东住左边半截，任弼时住右边半截，周恩来和陆定一住进门的窑洞。后来毛泽东说："胡宗南进攻延安之后，我在陕北和周恩来、任弼时在两个窑洞指挥了全国解放战争。"周恩来进驻西柏坡后也曾说："毛主席是在世界上最小的指挥所里，指挥了世界上最大的人民战争。"在王家湾期间，中共中央和毛泽东领导指挥了羊马河、蟠龙、陇东、三边战役和孟良崮等战役，发出了《关于西北战场的作战方针》的重要指示，起草了《蒋介石已处在全面的包围中》等重要文献，安排召开了真武洞祝捷大会，向各战场发出 200 余份电报，指挥人民解放战争取得胜利。

1947 年 6 月 8 日晚，国民党军侦察到中共中央所在地在王家湾，蒋介石即令胡宗南部直扑王家湾。胡宗南部刘戡率四个半旅沿延河北上，先头部队进至距王家湾仅一山之隔的寺湾。中央机关连夜向西北方向转移，于 9 日转移到靖边县小河村。9 日晚在军情紧急的情况下，滂沱大雨中向天赐湾转移，于 10 日晨转移到天赐湾。这里地形虽好，但村子太小，中央机关人多，不便居住和工作。6 月 16 日，中共中央机关和毛泽东等人重返小河村，在这里住了 45 天。7 月 21 日至 23 日，中共中央在这里召开扩大会议（小河会议），研究了全国解放战争由战略防御转入战略进攻形势下，人民解放军的战略部署和各个战场的

毛泽东等在东渡黄河的渡船上

毛泽东在转战陕北途中

作战配合等问题，为后来召开的十二月会议做了重要准备。

　　1947 年 7 月底至 8 月初，胡宗南所属整编第一军刘戡部奉命向北推进，一部已逼近小河村所在的靖边县一带。毛泽东率领中央机关在 8 月 1 日做远距离转移，向西北野战军总部所在地靠近，经过近二十天的行军，8 月 19 日到达佳县城西北的梁家岔，在这里迎来了沙家店大捷。23 日上午，西北野战军召开旅以上干部会议，毛泽东和周恩来、任弼时从梁家岔赶到会场祝贺。当天下午，毛泽东等又转移到佳县朱官寨宿营，在这里住了将近一个月。

　　毛泽东等在朱官寨期间，是他们转战陕北过程中粮食最困难的一段时间。毛泽东、周恩来等也和当地农民一起，只是吃米糠、秕谷和瓜果合在一起再加几把黑豆片片熬成的"钱钱饭"。9 月 21 日，毛泽东等移驻佳县神泉堡。11 月 13 日，又由神泉堡转移到米脂县杨家沟，在这里住了三个多月，直到离开陕北。

神泉堡坐落在佳芦河以南，依山傍水，宁静秀丽。村南山崖上有两股清凌凌的泉水，日夜长流。中共中央在这里结束了转战陕北时期最艰难的阶段。其间，毛泽东为中共中央起草了关于《解放战争第二年的战略方针》的党内指示，制定了全国各解放区的战略方针。10 月 10 日，毛泽东为中国人民解放军总部起草了《中国人民解放军宣言》，提出"打倒蒋介石，解放全中国"的口号。毛泽东还先后在佳县县城和佳县谭家坪、白云山、吕家坪、阎家峁等地进行调查研究，询问干部的工作，关心群众的生产

杨家沟革命纪念馆

1948年4月21日，西北野战军收复延安

和生活，帮助群众解决困难、度过灾荒。

　　杨家沟是陕北最大的村庄，庄子里聚居着马姓大小地主55户。这里的窑洞别具特色，融汇了中西建筑的优点。中央机关和毛泽东等在杨家沟住四个月，是转战陕北以来居住时间最长的地方。中共中央在这里召开了扩大会议（即十二月会议），毛泽东在会上做了《目前形势和我们的任务》的报告。毛泽东还为中共中央起草了《关于建立报告制度》等文件，为夺取全国解放战争的胜利提供了思想理论和方针政策的指导。

　　1948年3月，宜川瓦子街战役胜利后，胡宗南进攻陕北的军队受到沉重打击，西北野战军在陕北战场上已稳操胜券，毛泽东和中央机关开始筹备东渡黄河、前往华北的事宜。3 月 21 日，中共中央机关离开杨家沟。23 日，毛泽东和中共中央机关从陕西吴堡县川口渡口东渡黄河，进入山西临县。

## 延安精神永放光芒

当年，中共中央和中央红军到达陕北时，处境是相当险恶的，蒋介石断定共产党支撑不了多久，时人也对共产党不抱什么希望。但随着岁月的流逝和历史的变迁，共产党不仅立身了，而且发展了，更加强大了，乃至敢于同庞大的国民党军较量，只用了三年多一点的时间就将其击溃并夺取了全国政权，让苏联"老大哥"惊奇，使美英政府

八路军将士南泥湾开荒誓师大会

惊诧,更令蒋介石惊恐! 个中原因何在? 就是因为延安和陕甘宁边区成为了当时中国的精神高地。

延安精神是对红船精神、井冈山精神、长征精神的继承和发展,其原生形态是"抗大精神""南泥湾精神""整风精神""延安县同志们的精神""劳模精神""白求恩精神""张思德精神"等,是中国共产党性质和宗旨的集中体现,是中国共产党优良传统和作风的集中体现,是中国共产党人崇高品德和伟大情怀的集中体现。

延安精神是以坚定正确的政治方向为灵魂的进取精神。延安时期,以毛泽东为代表的共产党人不仅明确提出了坚定正确的政治方向的要求,而且在深入研究半殖民地半封建社会基本国情的基础上,科学揭示了只有经过新民主主义阶段才能到达社会主义的"历史必由之路",并遵循这个"正确的政治方向",不但制定和实行了新民主主义革命总路线和总纲领,而且随着形势的发展变化制定了具体的方针政策,成功地解决了民族独立和人民解放的根本问题,先后夺取了抗日战争和解放战争的伟大胜利,为中国未来的一切发展进步创造了根本前提。

延安精神是以解放思想、实事求是为精髓的求实精神。延安时期,以毛泽东为代表的共产党人,一方面以研究中国革命实际问题为中心,以总结中国革命实践经验为基础,坚持马克思主义中国化的理论创新,实现了马克思主义同中国实际相结合的历史性飞跃;另一方面,从认识论和方法论的高度批判主观主义,既防"左"又反右,经过延安整风运动分清了"创造性的""香的""活的"马克思主义同"教条式的""臭的""死的"马克思主义的根本区别。正如毛泽东所言:"过去革命经过多少年,到延安

八路军战士南泥湾插秧

八路军战士自己动手纺纱织布

八路军战士打草鞋

八路军战士自己动手制造武器

之后才找到既不是陈独秀的右倾，也不是后来的'左'倾，而是不'左'不右之倾，那是花了很大代价才找到的。"

　　延安精神是以"全心全意为人民服务"为宗旨的奉献精神。延安时期，党不仅明确提出了"全心全意为人民服务"的根本宗旨，而且实行了"从群众中来，到群众中去"的根本工作路线，以新制度和新政策的保证作用，以思想政治工作的教育作用，以英雄模范人物模范行为的激励作用，以建立群众团体的组织作用，把广大人民群众紧密团结和凝聚起来，在政府与人民之间、人民与人民之间，成功地构建起民主平等、和谐公正的社会氛围，以政治清明、社会进步、人民安居乐业而著称于世。就连当年

延安宝塔山

到延安访问的外国人士也颇有感触地说，在延安听到的最多的就是"人民"，"到人民中去""向人民学习"，这些口号包含着更深的意义，代表着一种极深的感情和最终的信念。

延安精神是以自力更生、艰苦奋斗为标志的创业精神。延安时期，中国共产党一方面要以弱小力量战胜强大之敌，另一方面又要克服最严重的经济困难；一方面要同国民党顽固派进行特殊形式的斗争，另一方面又要应对共产国际和苏联党对中国共产党内部事务的干涉。面对这种新挑战和新考验，党以坚强的民族自尊心和自信心，坚持独立自主，把革命胜利的立足点始终放在自力更生的基础上；以"欲与天公试比高"的英雄气概，把最严峻的形势看作"黎明前的黑暗"，将强大的敌人视为"纸老虎"，顽强拼搏，埋头苦干，征服了一切敌人和困难；以革命乐观主义的情怀，立足于"永久奋斗"，大力倡导谦虚谨慎和发扬"愚公移山"精神，形成了艰苦奋斗的作风。尤其在抗日战争相持阶段和转战陕北极端困难的条件下，党的领导人和工作人员过着非常清苦的物质生活，锤炼了不畏艰险、顽强拼搏、勇往直前的奋斗精神，永远是我们牢记初心、不负使命的前行动力。

## 西北民主革命的先驱于右任

于右任

于右任，字伯循，"右任"本为向报社投稿用的笔名，后成为他最常用的名字。祖籍陕西泾阳县斗口于村，1879年4月生于陕西三原县城东关。1905年11月，在日本加入中国同盟会。1907年起，先后创办《神州日报》《民呼日报》《民立报》等，先后发表300多篇文章，抨击清王朝的腐朽统治，激励国人。毛泽东曾说："我在长沙第一次看到的报纸《民立报》，是一份民族革命的日报，这报是于右任先生主编的。"

武昌起义爆发后，孙中山从国外回到上海，首先到民立报馆会见于右任，并题"戮力同心"四字，嘉勉他及《民立报》对辛亥革命的贡献。南京临时政府成立后，于右任被任命为交通部次长。1912年春孙中山辞职，于右任亦辞职，继续办报。二次革命失败后，《民立报》被查封，于右任避居日本，从事反袁斗争。

袁世凯死后，陕西爆发了反对陈树藩的斗争。1918年1月，胡景翼、曹世英等人在三原树陕西靖国军旗，敦请于右任回陕主持靖国军大计。8月，于右任回陕就任陕西靖国军总司令，指挥这支武装坚持四年有余，成为北方地区唯一响应孙中山护法运动的军事、政治力量。1922年5月，陕西

于右任等为西北农林专科学校勘察校址

靖国军解体，于右任于当年 8 月到上海，协助孙中山进行中国国民党的改组工作。1922 年 10 月，上海大学成立，在于右任和邓中夏、瞿秋白、叶楚伧、邵力子等人的努力下，上海大学很快成为第一次国共合作时期在国内很有影响的一所大学。

1926 年，于右任受李大钊之邀，赴莫斯科敦促冯玉祥回国参加北伐，并解被刘镇华围困的西安城围。冯、于回国后，经宁夏、固原、平凉等地进入陕境。11 月下旬，刘镇华全线溃退，西安解围，于右任以国民军联军驻陕总司令的名义进驻西安，代行全省政务，发布许多法令，取消苛捐杂税，减少农民地租；翻印革命书籍，允许各种进步书刊公开发行，全省工、农、学生、妇女运动蓬勃发展，出现了陕西近现代史上少有的革命高潮。第二年，于右任率部出关，与北伐军会师于郑州，遂被武汉国民政府任命为陕西省政府主席（未就职）。南京国民政府成立后，于右任先后任审计院院长、法官惩戒委员会委员长、监察院院长等职。

第二次国共合作期间，于右任与中国共产党保持着良好的关系。1938年1月，中国共产党主办的《新华日报》在武汉创刊，于右任应邀为该报题写报头；到重庆后，他通过屈武与中共保持联系。1945年，毛泽东到重庆谈判时，在王炳南的陪同下两度拜访于右任，于右任深受感动，特设宴款待毛泽东、周恩来和王若飞等人，支持国共两党再次合作，和平建国。1949年春，国共两党在北平和谈，于右任积极促进，却未能如愿北上。谈判破裂后，于右任心情沉郁，同年11月被迫去了台湾。其原配夫人高仲林、长女于芝秀仍留在大陆。

于右任在台湾怀念故乡，思念亲友，忧愤寡欢，说道："我百年后，愿葬于玉山或阿里山树木多的高处，可以时时望大陆。我的故乡是中国大陆。"1962年1月24日，他将心愿写成哀伤凄绝、爱国思乡之诗句——"葬我于高山之上兮，望我大陆；大陆不可见兮，只有痛哭！葬我于高山之上兮，望我故乡；故乡不可见兮，永不能忘！天苍苍，野茫茫；山之上，国有殇。"

于右任热爱国家、热爱家乡、热爱人民，一生以"天下为公"为座右铭，关怀桑梓，先后在家乡创办了民治小学、民治中学、斗口村农事试验场等，并首倡创建了三原渭北中学、三原女子中学、西北农学院和泾惠水利工程等。

于右任还是一位著名的书法大师，编著了易识易写、准确美观的"标准草书"，自成一家，被誉为当代"中国草圣"。他的草书根基于北魏，宗法于章草，融会四体之

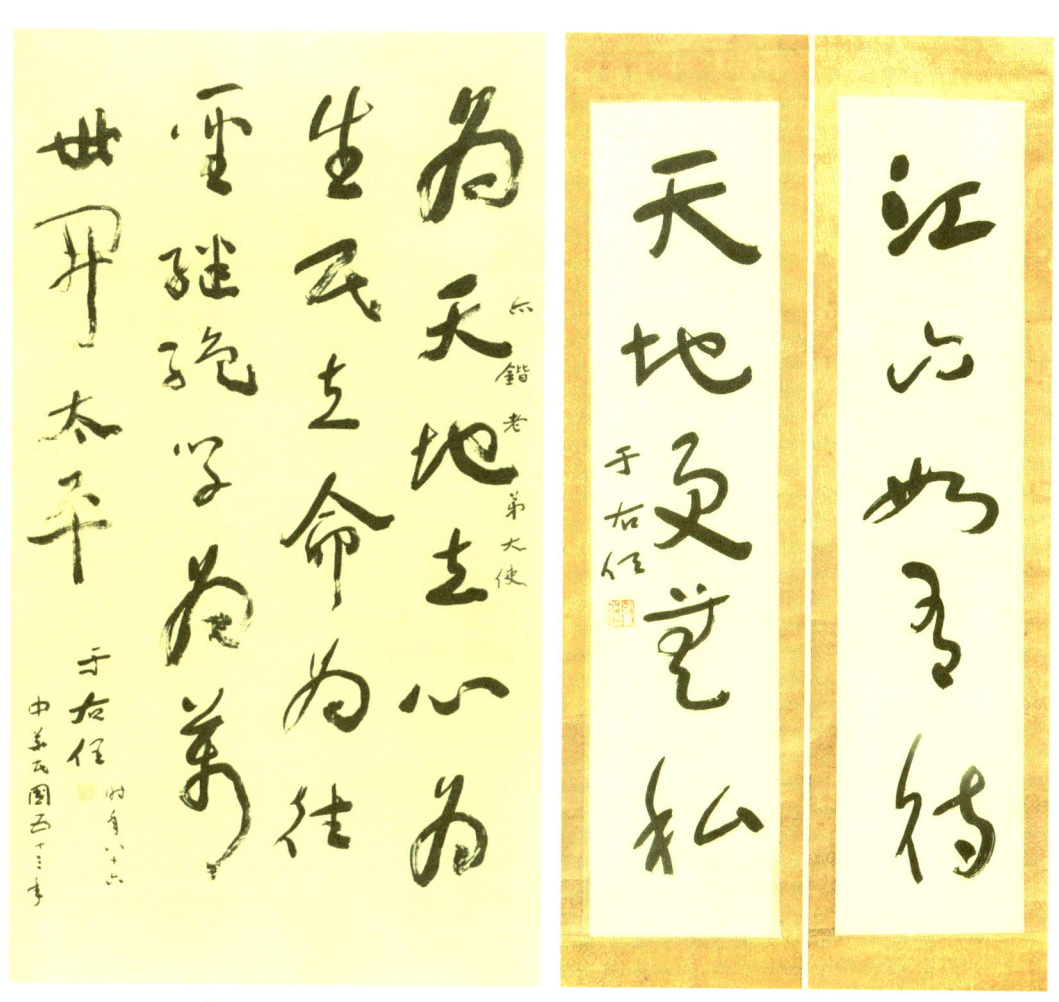

于右任书法

妙，博采众家之长，达到了挥洒自如、炉火纯青的境地。
海峡两岸同胞，都视"于草"为瑰宝，能得其寸楮片纸，
均奉若拱璧。

## 民国陕西首任军政长官张凤翙

　　张凤翙，字翔初，祖籍河南沁阳市，1881 年 2 月生
于陕西西安，在日本振武学校时加入中国同盟会。1911 年

张凤翔

行书中堂　张凤翔

10月，西安起义爆发。适陕西同盟会领导人井勿幕在渭北，临事指挥无人，钱鼎、张钫等推举张凤翔为首领。在10月22日清晨的林家坟会议上，张凤翔坚定地表态："大家叫我干，就担当起来。"接着以首领的身份说："既已举事，当先发制人，不宜缓至天晚。"遂部署22日上午11时发动起义，当天就占领了除满城外的西安全城。次日又号令猛攻满城，战至下午三时，西安光复。张凤翔以秦陇复汉军大统领名义出安民告示。此后月余，全省各道、府与大部分州、县相继光复。

陕西各地的反清起义使清廷大为震惊，遂派大军从东西两路合击。张凤翔妥善安排军政大事：启用贤能，成立秦陇复汉军政府，重用同盟会会员郭希仁、茹欲立、李元鼎、彭世安、张光奎等分掌中枢之权；采纳众意，分设兵马、粮饷、军令正副六都督，以抚哥老会首领万炳南、张云山、马玉贵、刘世杰等；委派井勿幕、张玉成、陈树藩、曹建安、张宝麟为各路招讨使或宣慰安抚招讨使经略四方；组织农民敢死军并联络刀客、民团等武装，与清军鏖战，在危急之中维系了陕西大局。

1911年11月22日，张凤翔被武昌中华民国军政府任命为中华民国军政府秦省都督，12月9日，改称中华民国秦军政分府大都督。1912年6月，被选为中国同盟会陕西支部副支部长，7月，被北京政府任命为陕西都督，兼理民政；9月，国民党秦支部成立，任支部长。1917年，张勋拥溥仪复辟时，张凤翔欲组织力量讨伐，因陈树藩的阻挠未能如愿。1924年，刘镇华主陕时，他应邀回陕参加驱刘运动，因阎锡山告密，一到陕西即被刘镇华软禁，后经友人周旋获释，寓居北平数年。

卢沟桥事变后，张凤翙只身从北平返回西安定居。抗日战争时期出任陕西临时参议会参议员和国民参政会参政员，他不满蒋介石的独裁统治和消极抗日政策，主张全民团结，抗战到底。1943 年，国民参政会三届二次大会在重庆开会时，周恩来曾到张凤翙的下榻处看望，并与之交谈。1945 年，曾任陕西各界慰问抗日将士代表团团长，到豫西慰问抗日部队。1947 年，国民党拟推张凤翙为陕西省党部书记长候选人，被其拒绝。1949 年 5 月 19 日，西安解放前夕，张凤翙被国民党军队胁迫到汉中，严词拒绝了逼迫他去台湾的图谋，后被送往兰州。兰州解放后，彭德怀司令员曾派专人慰问和照顾，同年 8 月回到西安。中华人民共和国成立后，张凤翙历任西北军政委员会、西北行政委员会委员，陕西省人民政府副主席、省人民委员会副省长等职。

## 西北革命巨柱井勿幕

井勿幕，1888 年 2 月生于陕西蒲城县广阳镇井家塬村（今属铜川市印台区）。1905 年 8 月中国同盟会在东京成立，井勿幕随即加入，后奉孙中山命回陕西建立同盟会组织。他奔走西安及渭北各县，数月之间，就发展会员 30 多人。1908 年正月，陕西留日学生在东京创办《夏声》杂志，井勿幕在第 3 号和第 7 号上，连续发表了他署名"侠魔"的长文——《二十世纪之新思潮》，对犹如"冲滔天之大浪而来"的社会主义思潮做了热情的介绍，认为"专制制度之思想，早已一落千丈"，法国工业革命后兴起的"自由制度亦成晚照斜阳"，"而黑云蔽空，冲滔天之大浪

井勿幕

而来者，即此社会主义之新思潮也。"

1910 春，井勿幕奉孙中山令由沪回陕，在泾阳柏氏花园召集同盟会领导人和哥老会、刀客代表会议，传达总部对陕西起义的指示，讨论在陕西起义的步骤和方法，历时 20 余天。会后，立即购置军火，制造炸弹，并扩大与哥老会、刀客的联络。1910 年 7 月 9 日，井勿幕、钱鼎等同盟会领导人和哥老会首领张云山、万炳南等 30 余人，在西安大雁塔歃血结盟，正式形成陕西同盟会员和哥老会全面联合的局面。1911 年 10 月西安光复后，井勿幕被任命为陕西北路宣慰安抚招讨使，负责渭北各县军务。1912 年同盟会陕西分会改为陕西支部，井勿幕被推举为支部长。

1917 年 12 月，郭坚、耿直等在周至成立陕西靖国军，通电全国，反段（祺瑞）倒陈（树藩）。1918 年 1 月，张义安、董振五、邓宝珊等在三原起义讨陈，亦树靖国军旗帜。10 月，叶荃率云南靖国第八军援陕进抵凤翔、陇县。陈树藩大为惊慌，一面向北京政府请援，一面于 11 月派井勿幕去三原，欲借他的威望统驭陕西靖国军，以孤立、抵御云南靖国军。因井勿幕在陕西民党中深孚众望，他一到三原，即被推举为陕西靖国军总指挥，陈树藩的阴谋破产。他就职后，率岳维峻、董振五部西行，慰劳云南靖国军援陕部队和陕西靖国军第一路部队。

在第一路司令郭坚举行的宴会上，井勿幕批评郭部纪律松弛，劝郭坚加紧整顿。事毕返回三原，途中部署随行部队进攻占据兴平县城的叛军贾福堂部，战数日不得克。此时，郭坚约他到县城西南 15 里的南仁堡李栋材营防地，商讨攻打兴平和进攻西安事宜。随行的岳维峻、董振五等人都认为不必前往，井勿幕开始也同意不去。但他为人坦

西安勿幕门（今小南门）

荡无私，认为自己是众将领推举的总指挥，又与郭坚、李栋材是蒲城乡党，不会发生危险，而且正好借此机会说服他们把部队整顿好，最后还是前去。结果，一到就被与陈树藩勾结的靖国军内部叛徒李栋材从背后连开两枪，当场牺牲。陕西靖国军总司令于右任含泪握笔，将井勿幕"奔走南北者十余年，经营蜀秦者百余战"的事迹书写下来，并呈请广州革命政府为井勿幕立传，1943 年国民政府明令褒奖并追赠井勿幕内陆军上将。陕西军民为怀念井勿幕的不朽功勋，将井勿幕在西安居住过的四府街更名为井勿幕上将街，并在街南端城墙上凿开一门，名"勿幕门"（即今小南门）。

## 陕西靖国军元勋胡景翼

胡景翼

胡景翼，1892 年 6 月生于陕西富平县长春乡陵怀村。1910 年加入中国同盟会。1911 年 10 月，武昌起义胜利后，在西安的同盟会员迅速联合新军、哥老会起义，光复西安。胡景翼闻讯，立即在耀县药王山起兵配合，率部到驻三原的北路宣慰安抚招讨使井勿幕处，被委任为第一标统带。时山西民军在晋南失利，胡景翼奉命率部渡黄河援晋，回陕后挥师西进，迎战清军于旬邑张户原（今张洪原）。

1912 年，袁世凯就任中华民国临时大总统，胡景翼于同年秋愤然离开军队，东渡日本，入东京成城学校学习兵法，1915 年 9 月学成回国。临行前孙中山嘱托胡景翼，称："西北大事，完全托之于公矣！"他首倡并参与"华山聚义"，积极促成并参加了革命人士反对袁世凯在陕代理人陆建章的"反袁逐陆"运动，率部 300 余人与陆建章的儿子陆承武率领的一个团 3000 余人在富平激战两天，大获全胜，活捉陆承武。

1917 年，孙中山在南方发动护法运动，陕西民党人士响应，竖起陕西靖国军旗帜，"反段倒陈"，胡景翼任左翼总司令。1918 年 8 月，于右任回陕就任陕西靖国军总司令，胡景翼改任陕西靖国军第四路司令。同年 9 月，他出巡东路前线，被陈树藩诱押于西安督府，获释后被任命为陕西靖国军总指挥。1921 年陈树藩下台，直系军阀阎相文、冯玉祥先后督陕，陕西靖国军解体。胡部被改编为陕西陆军第一师，胡景翼任师长。

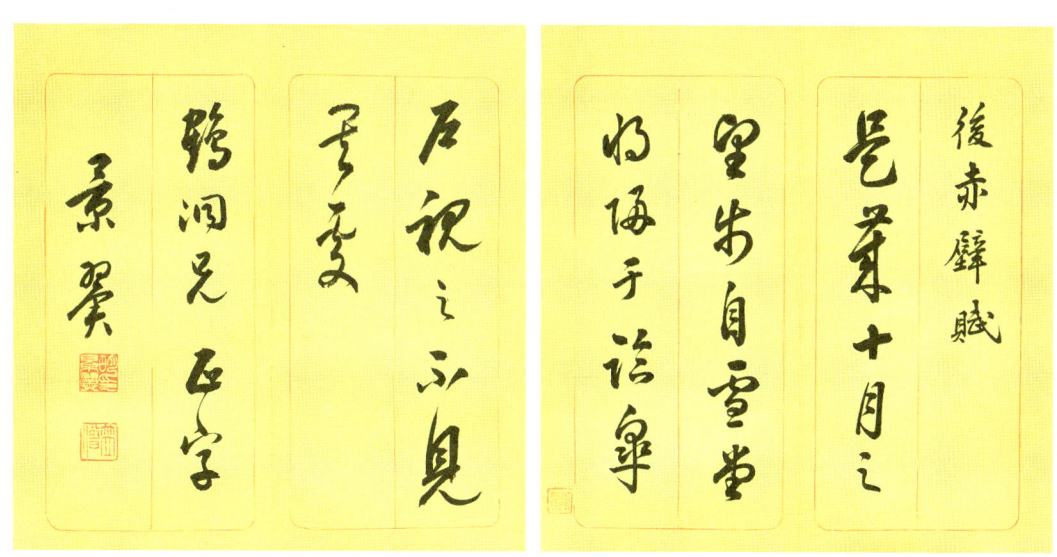

胡景翼书法

陕西靖国军诸将领合影（左一史可轩，右二邓宝珊，左三岳维峻，左五胡景翼）

1924 年 10 月，直奉战争再起，胡景翼与冯玉祥、孙岳共同发动北京政变，推翻贿选总统曹锟，驱逐废帝溥仪出宫，电邀孙中山北上主持国事。政变次日组成国民军，冯玉祥任总司令兼第一军军长，胡景翼、孙岳分任国民军副总司令兼第二、第三军军长。同年 12 月，北京政府临时执政段祺瑞任命胡景翼为河南军务督办兼省长，12 日前往开封就职。

当时，胡景翼在李大钊、王若飞、于右任、刘天章等知名人士的支持下，开展军队和政权建设，军队扩大为 13 个师又 7 个旅、7 个步炮独立团，约 20 余万人；还创办陆军训练处，培养学员 4000 余人；选送潘自力、屈武、师哲等大批优秀青年去苏联学习；接受黄埔军校一期学生徐向前、阎揆要、侯镜如、杜聿明等协助建军工作，使河南的民主革命形势盛况空前。

正当胡景翼意气风发、大展宏图之际，不料臂生痈疽，接着又传来孙中山逝世于北京的消息。他万分悲痛，病情日渐加重，但仍亲自主持了开封的孙中山追悼大会。4 月 10 日，因臂疮恶化与世长辞。曾任护法军政府秘书长的大学者章炳麟为之立传。后被追赠陆军上将。

## 中国共产党早期的宣传活动家魏野畴

中华人民共和国成立后，毛泽东与一位陕籍老同志说道："魏野畴是老同志，有学问，他还有著作，我读过，写得有水平。"毛泽东所提到的魏野畴，不仅是一位有造诣的学者，而且是陕西革命运动的先驱。

魏野畴，1898 年 3 月生于陕西兴平县（今咸阳市兴

魏野畴

平市）板桥乡魏家村。1917年考入北京高等师范学校。在校期间，参加了五四爱国运动和李大钊领导的革命活动。1920年加入中国社会主义青年团。1921年他和杨钟健、李子洲、刘天章等人发起组织陕西旅京学生联合会，创办了以"唤起陕人之自觉心"为宗旨的《秦钟》月刊杂志。也是在这一年，他写成了长达15万字的《中国近世史》，初步运用马克思主义的立场、观点和方法解释中国近代的历史，他认为"我们做历史，并不是为古人留名声、传不朽，是要把人类过去的阴影投射到现在，要人类知道他们的现在是怎么样来的。既知道是怎么样来的，便可预料将来了"。后来蔡元培看到这部书，觉得写得不错，希望他加以修改，准备帮助其出版。1930年《中国近世史》由商务印书馆出版发行。

魏野畴译著《美国史》

　　魏野畴回到陕西后，先后在华县咸林中学和陕北榆林中学任教，影响和培养了刘志丹、曹力如、吉国桢、苏士杰、潘自力、阎揆要等一大批青年志士走上革命道路。1923年初，经李大钊介绍，魏野畴加入中国共产党。1924年夏天，魏野畴与武止戈建立了西安第一个社会主义青年团支部。1925年，魏野畴来到杨虎城在耀县创办的三民军官学校，担任该校政治部主任、国民军第三军第三师咨议和政治宣传处处长。其间，他参与了国民党陕西省党部的筹建工作，被指定为临时省党部的负责人之一，由他创办的《西安评论》成为当时西安宣传革命思想、促进革命运动发展的重要阵地。9月，魏野畴参与领导西安共产主义青年团的整顿工作，担任中共西安特别支部委员。

　　1926年年初，中共西安地委成立，魏野畴任地委委员，负责宣传工作。就在这一年的4月，直系军阀刘镇华围困西安，魏野畴积极帮助杨虎城、李虎臣筹备军需和民粮，组织学生进行宣传鼓动和救济工作，并冒险出城到渭南、华县组织农民协会和农民武装，配合反围城斗争，直至取得胜利。1927 年 1 月，魏野畴任国民军联军驻陕总司令部政治部副部长。国民党陕西省党部成立后，他当选为执行委员，后兼任宣传部部长。2 月，又担任中共陕甘区委委员，负责宣传工作，为推动陕甘地区革命运动的发展做出重要贡献。

1927 年 7 月，大革命失败后，中共陕甘区委改为中共陕西省委，魏野畴任省委军委书记。由于形势恶化，国民党陕西当局重赏通缉，省委同意魏野畴去皖北杨虎城部开展工作，魏野畴被任命为杨部政治处处长。魏野畴整顿了杨虎城部的中共组织，建立了军委并任军委书记。1928 年 1 月，蒋介石派人到安徽太和，点名要杨虎城逮捕魏野畴等共产党员，遭到杨的拒绝。4 月 9 日，魏野畴连夜召开中共皖北特委扩大会议，成立中共皖北临时特委并任书记，决定在皖北举行武装起义，建立豫皖平原根据地。但是，由于宋建勋叛变起义失败，魏野畴在突围中不幸被俘，后被杀害，年仅 30 岁。

## 西北革命的播火者李子洲

"我不怕死，我一个人牺牲了，还有更多的人活着。将来的社会必定是光明的！"这是西北革命的播火者李子洲牺牲前留给亲人的铮铮誓言。

李子洲，1892 年 12 月生于陕西绥德县城关镇。1917 年考入北京大学预科，两年后入哲学系学习，参加了李大钊创建的北京大学马克思学说研究会。五四运动中任北大学生会干事，他和同学们一起，冲破反动军警的阻拦，火烧卖国贼曹汝霖的住宅，痛打正在曹家的卖国贼章宗祥。

1923年初，李子洲经李大钊、刘天章介绍加入中国共产党。1924年秋回到陕北，任绥德陕西省立第四师范学校校长，成立学生会，出版《陕北青年》杂志，引导大批青年走上革命道路。在李子洲等人的指导下，1924年底，绥德成立了陕北第一个社会主义青年团支部，第二年中国共产党支部也在这里诞生。随后，他相继指导并派人帮助在榆林、延安等地建立党团组织，选派刘志丹等一批党团员进黄埔军校学习军事政治，派党团员到陕北军阀部队做兵运工作，发展了百余名官兵加入了中共党团组织，为这支部队后来发动武装起义打下了组织基础。

1927年7月，中共中央决定撤销陕甘区委，成立陕西省委，李子洲当选为省委常委兼组织部部长。不久，他

绥德陕西省立第四师范学校旧址

受省委委派，前往武汉向党中央汇报请示工作，接受了张太雷代表党中央对陕西工作的指示。9月上旬回陕后，向省委常委传达了八七会议精神和中共中央对陕西工作的指示。9月26日，李子洲和耿炳光主持召开省委第一次扩大会议，根据中央指示精神，选举产生了中共陕西省委领导成员，李子洲除继续担任省委常委兼组织部部长外，还负责省委军事工作。

会后，李子洲和省委其他领导人一起积极筹划武装起义。1927年10月，中共陕西省委在清涧发动武装起义，打响了西北地区武装反抗国民党反动派的第一枪。1928年春，李子洲又参与渭华起义的准备，和省委秘书主任刘继曾共同起草了《中共陕西省委第五号通告》，相继派出刘志丹、唐澍、谢子长等去洛南县三要镇，到共产党员许权中担任旅长的军队工作，又从地方上抽调了一批党团员充实许旅的力量并指示许旅利用国民党各派军阀混战之机，相机起义。1928年5月，刘志丹、唐澍、许权中率部开赴华县高塘镇，宣布成立西北工农革命军，与渭华地区的农民武装相结合，在渭华地区建立了一批区、乡苏维埃政权。

1928年11月，省委书记潘自力被捕，李子洲代理省委书记。他认真总结清涧起义和渭华起义失败的教训，重新部署全省的革命斗争。1929年初，由于叛徒出卖，省委机关遭到严重破坏，李子洲和其他负责人先后被捕。李子洲在入狱前就已积劳成疾。入狱后，国民党新军阀和狱警、狱吏对其进行了残无人道的折磨，使他胃病加重，又患伤寒引发肺病，身体十分虚弱。难友们劝他用济难会的经费买些滋补药品，他婉言谢绝。通过看守和狱外友好人士的帮助，李子洲给在家乡的妹妹李登岳写信，劝妹妹不要为他伤心掉泪。 1929 年 6 月 18 日，李子洲于狱中病逝。1944 年 2 月，中共中央西北局和陕甘宁边区政府将1942 年建立的绥西县改为子洲县，以志纪念。

## 陕西早期的共产党员刘天章

刘天章，1893 年 12 月生于陕西高陵县高刘村。1918年夏，考入北京大学，1919 年，作为北大学生会负责人之一参加了五四运动。1920 年 1 月，刘天章与杨钟健、李子洲等人发起，将陕西旅京学生团改名为旅京陕西学生联合会，创办以宣传新文化为主的《秦钟》月刊。不久，李大钊、邓中夏等人在北京大学组织马克思学说研究会，刘天章积极参加，初步接受马克思主义。同年 11 月，北京社会主义青年团组建时，他被接收为团员。1921 年 7 月，中共一大后，又经李大钊介绍加入中国共产党。1921 年10 月，刘天章与杨钟健、李子洲等商议，创办以"提倡文化、改造社会"为宗旨的《共进》半月刊。一年后又以《共进》半月刊为基础成立了共进社，刘天章任共进社常任主席和《共进》半月刊编辑主任。

1924 年，刘天章从北大毕业后，协助李大钊在北京做党的地下工作，曾任反帝大同盟秘书。同年秋，结识国民军副总司令兼第二军军长胡景翼后，在李大钊的领导和支持下，前往胡部所在地河南开封创办学生军，任陆军训练处学兵队大队长。他在学兵队建立中共组织和青年团组织，使学兵队成为该地区最活跃的革命力量和国民军第二军的骨干。

刘天章

陕西国民日报社社长雷晋笙(左)、刘天章(右)

　　1927 年初，刘天章奉陕西党团联席会议派遣，到国民军联军驻陕总司令部任职，不久接任陕西国民日报社社长。6 月任中共陕甘区执委会候补执行委员，负责宣传工作。为了办好《陕西国民日报》，他白天采访，晚上撰稿直至深夜，对蓬勃兴起的工、农、妇女、学生运动以及各界人民联合进行的反帝反封建的革命活动，做了热情的宣传报道。四一二反革命政变后，《陕西国民日报》及时揭露声讨蒋介石的反共行径，并集中宣传报道陕西人民反蒋怒潮。李大钊在北京惨遭杀害的消息传到西安，刘天章连夜挥泪疾书，撰文哀悼，《陕西国民日报》辟专栏、出特刊，报道陕西人民追悼李大钊的情景。6 月下旬，冯玉祥开始在陕西"清党"后，强令报纸改变宣传方针。刘天章和白超然等去西安留守司令部进行交涉，遂被捕，解送河南洛阳关押，11 月又转押到郑州内防处，直到 1929 年蒋、冯分裂，刘天章才获释出狱。

　　1930 年 10 月，刘天章受中共北方局派遣前往山西，参与领导恢复和重建遭到破坏的山西中共组织，先后担任中共太原特委书记、山西省委书记、组织部部长等职，使山西中共组织得到恢复和发展，并在吕梁地区建立了两支红军游击队。1931年3月，在离石县九里湾成立工农红军晋西游击队。1931年7月4日，刘天章参与组织驻平定县的国民党军高桂滋部的武装起义，成立了中国工农红军第二十四军，并协助地方党组织建立了阜平县苏维埃政府。1931年10月21日，刘天章等因叛徒出卖被捕，11月13日，在太原英勇就义，时年38岁。

## 陕西马克思主义先驱者王尚德

王尚德

王尚德，1891年9月生于陕西渭南县（今渭南市临渭区）程家乡姚李堡。1918年考入武昌中华大学。五四运动后加入恽代英、林育南创办的利群书社，次年夏又参加林育南、李求实等发起成立的共存社。1922年7月，加入中国社会主义青年团。同年8月大学毕业后，中共和青年团武汉组织与董必武派他回陕建立团组织，他和张浩如开始在赤水发展青年团员，很快便建立了团组织。1924年5月下旬，团中央派武止戈到赤水巡视工作，指示要扩大和健全团的组织。王尚德于是年6月成立中国社会主义青年团赤水支部干事会，并担任书记。1925年12月加入中国共产党，并任中共赤水特支书记。

1925年10月，王尚德等领导成立了陕西早期的农民协会——渭南县东张村乡农民协会，发动农民对土豪劣绅进行斗争。1926年春，镇嵩军军阀刘镇华率"十万人马"再次入陕，在渭南下令通缉共产党人，王尚德被迫离陕到上海。不久，经恽代英介绍转赴广州，任黄埔军校政治部宣传科科员，协助恽代英、王懋廷等工作。7月，国民革命军誓师北伐。9月，冯玉祥部在绥远五原誓师，组成国民军联军，准备南下陕甘，先解西安城围，再挥师东进，配合国民革命军北伐。中共组织为加强冯玉祥部的工作，派王尚德、刘志丹等一批优秀党员由广州出发，去国民军联军任职，王尚德被派到第五路军政治处任宣传科科长，与政治处处长方仲如一起举办军官政治训练班，成立政治研究会，为提高联军部队的素质做了大量工作。1927年初随第五路军到达西安，被选为国民党陕西省党部执行委员兼农民部部长，并负责筹备建立省农民协会，接着又兼任国民军联军驻陕总司令部印刷局局长。在他的领导下，印刷局出版了不少马克思主义著作和革命报刊，特别是《陕西国民日报》《新国民军报》的出版和发行，对陕西地区的革命起了重要推动作用。7月，冯玉祥追随蒋介石在陕西"清党"反共，白色恐怖笼罩西安。王尚德按照中共组织的指示，回到家乡渭南赤水转入地下斗争。1928年5月参加了渭华起义，起义失败后匿居河南唐河。1934年回赤水继续办学，从事秘密工作。

　　1937年8月中共中央洛川会议后，王尚德积极投入抗日救亡运动，在赤水镇组织成立抗敌工作团、抗敌后援会，把新建的赤水农业职业中学的师生员工200余人编成一个民众抗日大队，亲任大队长，并聘请有经验的中共党员军事干部赵全璧任副大队长。他利用社会关系，从渭南县政府和地方上搞到一批武器，全大队每人一支枪，带领学生进行严格的军事训练，还给学生讲授毛泽东的《论持久战》，并对学生说："延安办抗大，我们要向延安学习，办赤大。"赤水农职的许多学生都奔向延安，有的人后来

赤水农业职业学校旧址

王尚德烈士纪念馆

成为领导骨干。1941 年 5 月 29 日，王尚德被国民党胡宗南部逮捕，直到 1945 年 8 月由西北文化日报社具保获释，回到家乡后继续办学，坚持革命斗争。1946 年 8 月，王尚德被国民党便衣特务杀害。

## 民族英雄刘志丹

刘志丹，名景桂，字子丹、志丹。1903 年 10 月生于陕西保安县（今志丹县）金汤镇芦子沟村。1924 年冬加入中国社会主义青年团，1925 年春转入中国共产党。五卅运动后，刘志丹抱定"走最艰难的路"的决心，入黄埔军校第四期学习，并参加了北伐战争。1928 年春，中共陕西省委派刘志丹和唐澍、谢子长等前往驻洛南的陕军暂编第三旅许权中部，加强中共对该部的领导。5 月中旬，许旅开赴华县参加渭华起义，部队改编为西北工农革命军，刘志丹任军事委员会主席。

1931 年九一八事变后，刘志丹、谢子长等组建西北反帝同盟军，后改编为中国工农红军陕甘游击队，刘志丹、谢子长先后任副总指挥、总指挥。1932 年 12 月，陕甘游击队整编为中国工农红军第二十六军第二团，刘志丹改任团政治处处长、参谋长，他和团长王世泰等指挥红二团南征北战，开辟了以照金为中心的陕甘边革命根据地。1934 年 1 月，刘志丹任红二十六军四十二师师长，5 月任陕甘边区革命军事委员会主席，还出任陕甘边军政干校校长，分批训练各级干部和战斗骨干。他总结经验，提出建立陕北、陇东、关中三个游击根据地，以互相支援。这三块根据地以南梁为中心，红二十六军居中策应，得到很大

刘志丹

的发展。国民党当局对此大为惊慌，从 1934 年 2 月起，陕、甘、宁三省的国民党军对陕甘边苏区和红二十六军发动了第一次反革命"围剿"，形势异常严峻。刘志丹指挥红二十六军主力在地方游击队配合下，采取避强打弱的战术，寻机歼敌，取得九战九捷的胜利。至 1934 年 11 月红二十六军发展到五个团，开辟了十多个县的苏维埃区域，正式成立了陕甘边苏维埃政府。

1935 年 2 月，中共西北工作委员会和西北革命军事委员会成立，以统一陕甘边和陕北党与军队的领导，刘志丹任西北工委委员、西北军委主席（一说谢子长为军委主席）。此后，在第二次反"围剿"中，刘志丹制定出集中主力在运动中各个击破敌人的方针，先后解放了六座县城，终于实现了把陕甘边和陕北苏区连成一片的意图，游击区扩大到 30 多个县，苏区人口逾百万，主力红军发展到 5000 多人，游击队发展到 4000 多人，在 20 多个县建立了工农民主政权。

然而，在 1935 年 10 月的陕北"肃反"中，刘志丹身陷囹圄，险遭不测。在中共中央和中央红军长征到达陕北后，他才出狱，但他并不计较个人的荣辱得失，而是告诫蒙冤受屈的同志们，过去的事不要放在心上，要相信党中央、毛主席会解决好。要听从中央分配，识大体、顾大局，绝对服从中央领导，听从中央调遣。许多同志听了刘志丹的话，一起和刘志丹做那些对"肃反"还有各种不满情绪的战友们的工作，服从党组织的安排，走上新的战斗岗位。

不久，刘志丹被任命为中华苏维埃西北革命军事委员会委员兼后方办事处副主任、红二十八军军长、红军北路

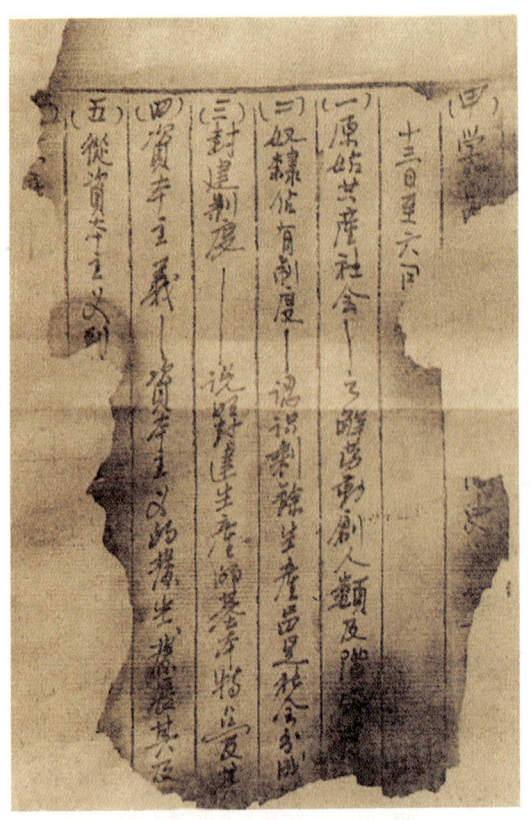

刘志丹编写的《军事教育大纲》残稿

刘志丹故居(保安县金汤镇芦子沟)

刘志丹所部渡无定河向绥德挺进

总指挥和瓦窑堡警备司令。刘志丹教育部队要顾全大局，绝对服从中共中央的领导和调遣。在他的影响下，陕北红军与中央红军团结一致，共同对敌。周恩来说："刘志丹同志对党忠贞不贰，很谦虚，最守纪律，他是一个真正具有共产主义品质的党员。"1936年2月上旬，中共中央组织中国人民红军抗日先锋军渡黄河东征。刘志丹和宋任穷率红二十八军连战皆捷，使神（木）府（谷）红色区域和西北苏区得到巩固与发展，而后由神木巧渡黄河，奔赴前线。4月14日，刘志丹在山西中阳县三交镇前线指挥作战时，不幸中弹牺牲，年仅33岁。同年6月，中共中央决定将保安县改名志丹县。1943年5月，中共中央和陕甘宁边区人民为他举行隆重的公葬典礼，几乎所有在延安的中央领导都为他题词。毛泽东的题词是"群众领袖，民族英雄"；朱德的题词是"红军模范"；周恩来的题词是"上下五千年，英雄万万千，人民的英雄，要数刘志丹。"

## 群众领袖谢子长

谢子长，1897年1月生于陕西安定县（今子长县）李家岔镇枣树坪村。1922年考入阎锡山办的太原学兵团学军事。1924年回安定县办民团并任团总。同年赴天津、北京参加反帝斗争，1925年加入中国共产党。后根据党的指示，利用民团团总身份进行革命活动，被选为安定县地方行政会议主席团成员和农民协会促成会委员，组织和领导农民协会打击封建官僚，惩办土豪劣绅，被群众誉为"谢青天"。

1927年10月，谢子长与唐澍等组织领导清涧起义，

谢子长

任西北革命军游击支队营长、副指挥。1928 年 5 月，谢子长参与领导渭华起义，任西北工农革命军军事委员会委员兼革命军第三大队大队长。后回到陕北任中共陕北特委军委委员、陕北行动委员会军事指挥部总指挥，在陕西、宁夏、甘肃等地做兵运工作。1931 年 10 月，谢子长和刘志丹等将南梁游击队和陕北游击支队合编为西北反帝同盟军，后改编为中国工农红军陕甘游击队，任总指挥，率部转战陕甘边，创建革命根据地。1933 年夏，被派往察绥抗日同盟军第十八师，负责中共组织的工作，协助师长许权中指挥作战。

1934 年 1 月，谢子长受命再次回到陕北，任中共中央北方代表派驻西北军事特派员，在极端困难的条件下，重新打起了中国工农红军陕北第一支队的旗号，在很短时间内，部队从小到大，从弱到强。7 月 8 日，根据中共陕北特委的决定，中国工农红军陕北游击队总指挥部在安定县杨道峁成立，谢子长任总指挥委。为了粉碎井岳秀部对陕北根据地发动的第一次"围剿"，谢子长率部南下，在南梁地区的阎家洼子与刘志丹率领的红二十六军四十二师会合，兼任该师政委。8 月 15 日，谢子长率红四十二师第三团和陕北游击队第一、二、五支队由南梁抵达安定地区。从 17 日起先后取得安定景武家塌、绥德张家圪台战斗的胜利。8 月 26 日，谢子长率部奔袭清涧河口，亲临前线指挥战斗，不幸胸部中弹，鲜血渗透了他的夹袄，仍继续指挥战斗直到胜利。战后，他不顾重伤在身，挥师北上攻打安定董家寺，击溃井岳秀部的一个营，彻底粉碎了国民党新军阀对陕北革命根据地的第一次"围剿"。

1935 年初，刘志丹得知谢子长伤势恶化、病情危急

谢子长故居（子长县李家岔枣树坪村）

1939年8月落成的谢子长墓

的消息，立即前往探望，并就西北党政军统一领导、统一指挥，陕北和陕甘边根据地的统一协调，当前反"围剿"战斗中的军事战略部署等问题和谢子长进行商讨。谢子长握着刘志丹的手深情地说："老刘啊，你来了，我就放心了！打仗你比我强，看样子我是不行了，陕甘边和陕北军事工作的重担就要全落在你肩上了，也只有你的肩膀才有力量挑起这副担子！"在商议西北军事委员会主席人选时，刘志丹提议要谢子长担任主席，谢子长诚恳地说："这样不好，从革命利益考虑，还是你当主席合适，我成了这个样子，不能到职工作，何必应那个名哩？"刘志丹恳切地说："你是老大哥，还是你挂帅，我协助你完成任务。"两位老战友感人肺腑的话语使在场的人深受感动，无不动容。

1935 年 2 月 5 日，中共陕北特委和陕甘边特委在赤源县周家硷（今属子长）召开联席会议，决定成立中共西北工委和西北军委，以统一领导陕北、陕甘两块根据地的党和红军。谢子长因伤重未出席会议，但仍被推举为中共西北工作委员会委员和西北革命军事委员会主席（一说刘志丹为军委主席）。2 月 21 日，由于伤势继续恶化，谢子长在安定县灯盏湾与世长辞，年仅 38 岁。后来，毛泽东先后两次为谢子长墓题词："民族英雄，群众领袖""虽死犹生"，并亲笔撰写碑文。1942 年 5 月，陕甘宁边区政府将谢子长家乡安定县改名为子长县，永志纪念。

## 从群众中走出的群众领袖习仲勋

1945 年 4 月至 6 月，习仲勋以正式代表出席中共七大，并当选为第七届中央候补委员，是当时中央候补委员中最年轻的一位。这一年 10 月，中共中央西北局书记高岗调东北工作，毛泽东提议由习仲勋主持西北局工作，并说："要选择一位年轻的同志担任西北局书记，就是习仲勋，他是从群众中走出来的群众领袖。"这时他年仅 32 岁，是中央各个分局中最年轻的书记。

习仲勋在延安时的照片

习仲勋，1913 年 10 月生于陕西富平县淡村镇中和村。早年接受革命思想，参加进步学生团体。1926 年 5 月加入中国共产主义青年团。1928 年春参加爱国学生运动，遭国民党当局关押，在狱中转为中国共产党党员。1930 年初，受党组织委派到国民党西北军杨虎城部做兵运工作，

习仲勋的家乡(陕西富平县淡村镇中和村)

中共西北局书记习仲勋和副书记马明方在延安

任中共营委书记。1932 年 4 月，组织发动了甘肃"两当兵变"，任中国工农红军陕甘游击队第五支队队委书记。同年 9 月，进入渭北革命根据地，任渭北游击队第二支队政治指导员。1933 年 2 月，任共青团三原中心县委书记，从事武装斗争、农民运动和青年工作。

1933 年 3 月后，习仲勋与刘志丹等为创建照金陕甘边区革命根据地，进行了艰苦卓绝的斗争。1933 年 11 月 8 日，中国工农红军第二十六军四十二师在甘肃合水县莲花寺成立后，习仲勋受刘志丹之命，深入到阎家洼子、东华池、南梁堡，村村开会，逢人讲演，发动群众配合游击队去分牛羊，还组织健全了二将川、白马庙川、豹子川等地的群众组织。在他们的努力下，这里相继成立了农民联合会、赤卫队、贫农团、雇农会等，初步形成了红军、地方游击队、群众武装相结合的武装体系。1934 年 2 月，在红二十六军四十二师组织召开的群众大会上，习仲勋以突

1946年4月,陕甘宁边区第三届参议会常驻议员合影(后排右二为习仲勋)

1948年春,五省联防军区、陕甘宁边区政府、西北局领导合影

出的成绩和出色的才能，被选举为陕甘边革命委员会主席。这年 11 月 7 日，在陕甘边区工农兵代表大会上，习仲勋又当选为陕甘边区苏维埃政府主席，这时他刚满 21 岁。

习仲勋担任陕甘边区苏维埃政府主席得到了刘志丹等根据地领导的支持和鼓励，更受到根据地老百姓的真诚拥护。习仲勋深感身上的担子更重了，经常深入实际，深入群众，了解群众的冷暖。在他的主持下，边区苏维埃政府制定了土地政策、财经政策、军事政策、社会政策、肃反政策、知识分子政策等"十大政策"。他还经常利用一切机会，走村串户，了解这些政策的贯彻执行情况。几乎每逢集市，习仲勋都要出去转一转，听取老百姓的各种意见和反映。群众总是把他围拢起来，问这问那，亲热极了。群众赞扬说："共产党和国民党就是不一样！"

1936 年 1 月，习仲勋任关中特区苏维埃政府副主席、党团书记。同年 6 月随红军西征，先后任中共曲环工委书记、环县县委书记。8 月，又受中共中央委派赴关中，守卫陕甘宁边区南大门，长达 6 年时间。先后担任中共关中分委书记、分区专员、分区保安司令部政治委员、中共陕甘宁边区委员会执委、西北局党校校长。他组织领导分区军民同国民党顽固派进行军事、政治和经济斗争，贯彻执行党的抗日民族统一战线政策，赢得了党和人民群众的信赖和拥戴。1942 年 7 月，习仲勋调任中共西北中央局党校校长。1943 年 2 月，任中共绥德地委书记兼绥（德）米（脂）警备区和独立第一旅政委。1943 年 1 月，毛泽东亲笔为他书写"党的利益在第一位"的题词，予以表彰。

在解放战争的艰苦岁月里，习仲勋任中共中央西北局书记，并先后兼任陕甘宁晋绥联防军政委、陕甘宁野战集团军政委、西北野战兵团副政委、西北野战军副政委、西北军区政委等职，协同彭德怀、贺龙等指挥战斗，夙兴夜寐、忘我工作，保卫党中央和陕甘宁边区，为解放大西北、建立新中国做出了重要贡献。

## 开国首任陕西省政府主席马明方

1945年4月23日至6月11日，中共七大在延安召开，当时还在新疆国民党监狱里的马明方被选为七届中央委员会候补委员，足见他在革命战争年代的地位和贡献。

马明方，1905年12月生于陕西米脂县叶家岔村，1925年秋加入中国共产党。1927年国民革命失败后，先后任中共横山区委书记、陕北特委代理书记。在1935年1月陕北第一次工农兵代表大会上，马明方当选为陕北省苏维埃政府主席。1936年冬任中共陕北省委书记。1937年9月，陕甘宁边区政府成立，马明方任边区政府委员、民政厅厅长。由于长期艰苦的革命斗争使得马明方积劳成疾，1938年4月赴莫斯科治疗之际，仍时时关心国内抗战局势。

马明方

1941年1月，马明方同张子意、方志纯等从苏联取道新疆回国，途经迪化（今乌鲁木齐市）暂住，任中共第十八集团军新疆办事处支部书记。1942年，国际反法西斯战争进入到最艰苦时期，曾一度标榜反帝、亲苏的新疆边防督办盛世才走上了反苏反共的道路，并于这年9月将中共在新疆的123名工作人员分四个地方软禁起来，马明方被软禁于八户梁。1943年春，又将这批中共人员分别投入四个监狱，马明方于4月被投入第四监狱，后又转押至第一、第二监狱。马明方作为在狱中斗争的领导人之一，与反动势力进行了不屈不挠的斗争。在一次审讯中，国民党法官诬蔑八路军破坏抗战，是"匪"。他怒不可遏，痛斥敌人："你们完全是一派胡言，八路军在前线坚持抗战，你们不抗战，却在这里残害八路军，究竟是谁破坏抗战，谁是土匪？"主审法官恼羞成怒，几个狱卒把他打得遍体鳞伤。但他大义凛然，继续揭露国民党顽固派和盛世才破坏抗战的罪行。主审法官无计可施，只好下令把他拖回监狱。盛世才的帮凶们见用酷刑逼迫共产党人就范的办法无效，又企图用填登记表的方法削弱共产党人的斗志，声称：只要在表格的"志愿""信仰"两栏内依次填上"愿意回家""不再跟共产党走"，就给发路费，立即释放回家。马明方洞察其奸，当着监狱众多官吏的面把表填好："信仰：共产主义；志愿：回延安！"弄得敌人目瞪口呆。

抗日战争胜利后，毛泽东、周恩来赴重庆谈判时，向蒋介石提出释放关押在新疆监狱的中共人员问题。1946年3月，张治中被任命为国民政府西北行辕主任兼新疆省主席。他受周恩来的嘱托，一上任后就决定"释放政治犯"。马明方等120余名中共人员由张治中派员护送，于7月11日返回延安，受到毛泽东、朱德等中央领导同志和陕甘宁边区人民的热烈欢迎。

1949年5月，西安解放后，中共中央西北局、陕甘宁边区政府等机关迁至西安。1950年1月6日，中共中央任命马明方为陕西省委书记，1月10日，马明方任省人民政府主席。此前马明方已任陕西省军区第一政委，他集党、政、军三个重要领导职务于一身，开始了主政陕西的历程。

1948年,(左起)贺龙、马明方、习仲勋、林伯渠、贾拓夫、王维舟在绥德

马明方旧居

# 中华民族的千古功臣杨虎城

杨虎城

　　杨虎城，又名虎臣，1893 年 11 月生于陕西蒲城县孙镇甘北村。早年联络穷苦人结成打富济贫的中秋会，并加入哥老会、"刀客"等民间武装。1916 年，参加陕西护国军，与陆建章部作战，屡获胜利。1923 年，经陕北联合县立榆林中学校长杜斌丞介绍，杨虎城结识了共产党员魏野畴，并请魏野畴帮助他训练、教育部队，决心和共产党合作。国共合作建立后，他加入中国国民党。

　　1926 年春，直系军阀刘镇华率镇嵩军号称十万人马进攻西安。杨虎城率部回师三原、泾阳一带，并参加三原军事会议，与陕西各部队将领共商守卫西安大计。会议决定杨部与国民军第二军所属的部队联合抗击刘镇华。4 月 18 日，杨部移驻西安。为统一守城部队指挥，杨虎城在 5 月 19 日的将领会议上提议取消国民军第二军、第三军名称，一律改称陕军，并提议李虎臣为陕军总司令。会议决定杨虎城与田玉洁为副总司令，邓宝珊、卫定一为总、副指挥。杨虎城与李虎臣、卫定一齐心协力，克服困难，坚守西安城池达八个月之久，直到 11 月 28 日国民军联军援陕军抵达西安，将刘镇华的镇嵩军驱出陕境。

　　1930 年 11 月，国民政府委任杨虎城为陕西省政府主席，他励精图治，誓言"想把刮地皮的钱尽量用来为老百姓办事"。他提出"救济灾荒、肃清土匪、澄清吏治、振兴教育、整顿交通、兴办水利、免除苛捐杂税、完成地方自治"的八大施政方针。杨虎城看到秦川大地缺水干旱，百姓守着土地无粮可食很是痛心，便邀请著名水利专家李仪祉任省政府委员兼建设厅厅长,陕西的水利事业如火如荼地展开了。杨虎城还采取一系列的兴教举措,如压缩军费、裁减行政开支以充实教育经费,组建教育基金保管委员会,专款专用;整顿各级学校,扩充省立各中小学班次和学生名额。更换中学和师范学校校长,尽量提拔重用青年进步知识分子,大力提倡乡村办学;杨虎城还自己资助建立了孙镇高级小学、甘北村初级模范小学(后改为培民小学)、蒲城尧山中学、阎良镇小学等学校。

1935年夏,张学良奉命率东北军入陕"剿共",屡遭红军的打击。从丧失东北到西北"剿共"失利,使张学良对蒋介石的内外政策产生了与杨虎城同样的想法。在中共的争取下,到1936年春,张、杨所部先后与红军实现了停战,并进而建议蒋介石联共抗日。蒋介石对张、杨的行为有所警觉,遂调大量嫡系部队入陕,并于12月4日亲抵临潼,逼迫张、杨或全力"剿共",或让出陕西省由中央军"剿共"。矛盾已无法调和,张、杨遂决定发动"兵谏",于12月12日扣押了蒋介石和随蒋来陕的军政大员,并通电全国,提出"抗日救国八项主张",同时电请中共派代表来西安共商救国大计。在中共代表周恩来等与张、杨的共同努力下,西安事变终获和平解决。但蒋介石背信弃义,先扣留了送他回南京的张学良,接着又逼杨虎城辞职。1937年6月,杨虎城被迫"出洋考察"。

卢沟桥事变后,杨虎城曾在欧洲两次致电蒋介石,要求回国抗日,均遭拒绝。1937年11月,杨虎城携妻子由法国马赛经香港回国。刚踏入国门,即收到蒋介石约他在南昌晤面的电报,然刚到南昌即被戴笠囚禁,先后在湖南长沙、益阳,贵州息烽,重庆杨家山,贵阳麒麟洞被囚禁

杨虎城旧居(陕西西安青年路止园)

长达 12 年。1949 年 9 月 6 日，蒋介石指使特务将杨虎城杀害于重庆松林坡"戴公祠"内。中华人民共和国成立后，陕西省人民政府将杨虎城及诸烈士遗骨迎葬于长安韦曲少陵原畔。

中国共产党没有忘记杨虎城对中华民族和中国革命的功绩。1946 年，延安各界集会纪念西安事变十周年，周恩来在讲话中赞扬杨虎城、张学良两位将军是有大功于抗战事业的。1956 年，周恩来在纪念西安事变 20 周年座谈会的讲话中，再次赞誉杨虎城、张学良两位将军是中华民族的千古功臣。

## 中国共产党的忠实朋友杜斌丞

　　杜斌丞，1888年5月生于陕西米脂县城关镇。早年结识同盟会会员惠又光，受到民主革命思想的熏陶。1917年夏由北京高等师范学校毕业回陕，在陕北联合县立榆林中学任教务主任兼史地教员。1918年出任榆林中学校长，聘请名师到校任教，其中就有后来成为著名共产党人的魏野畴、李子洲等。他支持学生爱国运动，鼓励学生为国效力，刘志丹、谢子长、叶瑞禾等都是他的学生。他还倡议、支持兴办米脂高小、米脂三民二中、榆林女子师范学校、绥德省立第四师范学校、延安省立第四中学等学校。

杜斌丞

　　1922年冬，杨虎城率部到陕北，杜斌丞便把魏野畴介绍给杨虎城。杨听了魏的许多革命见解，思想大为开阔，并表示愿和共产党合作。杨虎城十分感谢杜斌丞为他

（左起）邓宝珊、杨令德、杜斌丞、孙蔚如合影

结识共产党人搭桥引线并说："真正知我者，斌丞先生；真正助我者，斌丞先生。"1930 年 11 月，杨虎城就任陕西省政府主席，杜斌丞被任命为省政府和国民政府军委会潼关行营高级参议，后又被任命为陕西省清乡局副局长。任职期间，他推荐著名水利专家李仪祉任建设厅厅长，兴修泾惠渠、洛惠渠等水利工程。他还利用合法地位，支持共产党人的革命活动，曾设法营救过被国民党逮捕的共产党员刘志丹、刘澜涛、张德生，资助过红军陕甘游击队枪弹、军服等物资。

1935 年 10 月，中共中央和中央红军长征到达陕北，毛泽东派汪锋带着他分别写给杨虎城、杜斌丞的亲笔信来到西安，争取十七路军共同抗日。毛泽东在致杜斌丞的信中写道："先生为西北领袖人物，投袂而起，挺身而干，是在今日。"杜斌丞诚恳地向汪锋介绍了杨虎城、十七路军和东北军的情况，并对如何合作提出了中肯建议。1936 年 12 月，西安事变爆发后，陕西省政府改组，杜斌丞被任命为省政府秘书长。他迅速恢复了省府职能，整顿了市容，签发了宣布张、杨八项主张的陕西省政府训令，还请中共代表周恩来在青年会给省属厅、局及各人民团体代表做报告，并要求代表回去广为宣传。1937 年，国共两党再次合作，杜斌丞协助孙蔚如主持陕政，做了许多有益于国家和人民的好事。毛泽东称杜斌丞是"中国共产党的忠实朋友"。

1944 年 9 月，中国民主政团同盟改组为中国民主同盟，委派郭则沉持张澜主席亲笔信到西安找杜斌丞，邀请他加入中国民主同盟并主持西北盟务。1946 年 1 月，政协会议在重庆开幕，杜斌丞以民盟代表团政治顾问身份参

毛泽东为杜斌丞题词"为人民而死，虽死犹生"

加，听取了周恩来对西北民主运动的意见。1946年2月，杜斌丞回陕正式主持中国民主同盟西北总支部的工作，曾以民盟中央常委的名义宣布他誓为中国早日实现民主政治、结束一党专政斗争到底，在各界人士中引起强烈反响，也引起蒋介石、胡宗南的仇恨，对杜斌丞变本加厉地迫害。许多人都担心杜斌丞的安全，劝他离开西安，但他对朋友们说："既入虎穴，就与虎搏斗到底，何必远走。"1947年10月7日，杜斌丞在西安玉祥门外英勇就义。毛泽东亲笔为他题词："为人民而死，虽死犹生。"

## 中国共产党的真挚朋友李鼎铭

李鼎铭，原名丰功。1881年9月生于陕西米脂县桃镇桃花峁（今桃镇村）。辛亥革命后任米脂县东区区长，1916年受聘于陕北联合县立榆林中学，担任国文、数学教员。1918年返乡行医，并和当地群众在桃镇创办国民高等小学，担任校长。1923年任榆林道尹公署顾问、科长等职。1926年因病返回故里，一面行医，一面为地方公益事业服务，在当地群众中颇具影响。

1935年10月，中共中央和中央红军长征到达陕北。由于中共政策的影响，李鼎铭的学生、共产党员郭洪涛、艾楚南、张汉武、曹力如等人的争取，以及他早年参加革命的二儿子李力果的说服，使李鼎铭的思想有了较大的转变。1937年七七事变后，他逐步接受中共的领导，拥护中国共产党团结抗日的政治主张，反对蒋介石"攘外必先安内"的政策。

李鼎铭故居

陕甘宁边区政府主席林伯渠（右）与副主席李鼎铭（左）

　　1941 年，陕甘宁边区为了加强根据地民主政权的建设，实行"三三制"，开展普选运动，李鼎铭以开明绅士身份被选为米脂县参议会议长，陕甘宁边区参议会参议员、副议长。是年冬，在边区第二届一次参议会上，他又当选为陕甘宁边区政府副主席。就在这次会议上，李鼎铭联络姬伯雄等十名参议员，提出了《政府应彻底计划经济，实行精兵简政主义，避免入不敷出、经济紊乱之现象案》。毛泽东对这个提案十分重视，当即写了批语："这个办法很好，恰恰是改造我们的机关主义、官僚主义、形式主义的对症药。"在毛泽东的肯定和支持下，经过议员们充分讨论，最后通过了精兵简政的决议。精兵简政政策不但在陕甘宁边区实行，还推广到敌后各个抗日根据地，对战胜困难，提高工作效率起到了积极作用。1942 年，毛泽东还为党中央机关报《解放日报》写了一篇题为《一个极为重要的政策》的社论，把精兵简政正式作为边区政府和各个抗日民主根据地开展工作的指导方针。1944 年 9 月，毛泽东在《为人民服务》一文中又对精兵简政做了高度评价，他说："精兵简政这一条意见，是党外人士李鼎铭先生提出来的，他提得好，对人民有好处，我们就采用了。"

1941 年，李鼎铭当选为边区政府副主席之后，专心致志于边区政务。1942 年，在家乡米脂停留期间，他总是热情洋溢地同当地士绅畅谈共产党实行"三三制"的真谛和决心，以及对延安各方面的印象，深得绅士们的拥护和称赞。返回延安时他告诉毛泽东，他已把全部家产献给边区政府了。毛泽东说，留一点吧。李鼎铭口气坚决地说："一点也不留。"毛泽东听了哈哈大笑地说："你真是开明人士！" 1946 年 4 月，李鼎铭在边区三届一次参议会上继续当选为边区政府副主席。

1947 年 12 月 11 日，李鼎铭在陕甘宁边区政府临时驻地绥德县义合镇病故。边区政府为他举行了隆重的追悼会中共中央、毛泽东主席、陕甘宁边区政府都敬送了挽词。陕甘宁边区政府根据李鼎铭家乡群众的要求，决定将米脂县桃镇小学命名为"桃镇鼎铭学校"，以资纪念。

## 英勇的战士和旗手杨明轩

杨明轩，1891 年 6 月出生于陕西鄠县（今西安市鄠邑区）。1909 年之后，曾先后在西安府中学堂、陕西法政学堂、秦省第一中学、三秦公学读书。1913 年秋被推荐公费留学日本。1915 年夏考入国立北京高等师范学校继续学习，受陈独秀倡导的"科学"与"民主"思潮的影响，曾与匡互生等组织成立少年中国会和同言社，出版《工学》期刊，创办平民学校，宣传教育救国。

五四运动爆发时，杨明轩与匡互生、张耀斗等投入了痛打章宗祥、火烧赵家楼的斗争，被北京政府两次逮捕。获释后回陕先后任三原渭北中学、西安省立二中教务主任和省立第一师范学校校长。1923年，杨明轩赴上海大学任教并兼任附中部主任。不久受李子洲约请回陕，任绥德省立第四师范学校教务主任。

杨明轩

1925年，杨明轩与魏野畴等人组织陕西省国民党党员俱乐部，接着组成国民党陕西省临时党部，任临时省党部执委兼陕北二十三县党务特派员，积极领导陕北人民开展国民革命运动，并加入中国共产党。1927年国民军联军驻陕总司令部成立后，任命杨明轩为教育厅厅长，他按照国民革命的需要，对陕西教育从课程设置、教学内容到办学方法都进行了前所未有的重大改革。1927年6月，冯玉祥继蒋介石后在陕西"清党"，罢免了杨明轩的国民党西北临时政治委员会和陕西省党部执行委员会的职务，开除了他的国民党党籍，并下令通缉。1928年初，杨明轩不幸被捕，翌年8月出狱后在上海、西安等地从事教育工作。

1936年夏，杨明轩经杜斌丞推荐任西北各界救国联合会交际部部长。西安事变爆发当天，杨明轩主持西安18个救亡团体召开紧急会议，一致决议并通电全国，拥护张、杨二位将军的爱国义举和八项主张；12月16日，又主持西安市民大会，会后组织声势浩大的示威游行，支持张、杨的爱国行动。

1937年夏，陕西省政府任命杨明轩为教育专员，派

1952年春,习仲勋(左四)与张治中(右三)、杨明轩(左一)等在临潼秦始皇帝陵合影

1947年,陕甘宁边区党政军负责同志合影(前排左起:林伯渠、贺龙、赵寿山、习仲勋、张邦英、曹力如;后排左起:王维舟、贾拓夫、杨明轩、马明方、马文瑞、姚静尘、常黎夫)

赴欧洲考察教育，并出席在巴黎召开的世界学生联合会代表大会。年底回国后不久，林伯渠通知杨明轩中共中央已批准恢复他的党组织生活。他根据中共组织指示，以学者和民主人士的身份，与继续留在西安的杜斌丞一起开展抗日救亡和爱国民主运动，积极支持李敷仁创办的《老百姓报》。

1944年9月，中国民主政团同盟改组为中国民主同盟。1945年2月，民盟西北总支部正式成立，杨明轩任执行委员，分管组织，先后在陕西、甘肃、宁夏等地发展盟员，并建立了一些基层组织。从1946年起，国民党对民盟屡加迫害，杨明轩也被列入黑名单，曾多次接到恐吓信。在这种险恶的形势下，同年8月，中共组织秘密地将他护送到延安。1948年3月，杨明轩被增选为陕甘宁边区政府副主席。中华人民共和国成立后，任民盟中央副主席、主席。1965年当选为全国人大常务委员会副委员长。

## 战功卓著的抗日名将关麟征

关麟征，字雨东。1905年3月生于陕西鄠县（今西安市鄠邑区）真花磴村。黄埔军校第一期毕业生，一生戎马倥偬、南征北战，他曾自慰地说："我的一生是打日本鬼子的一生。"

1933年3月，关麟征任国民党军第十七军二十五师师长时，就参加了长城抗战，在古北口战役中身受弹伤五处，仍不下火线。身旁官兵10余人全部战死，他仍毫不动摇，从容指挥全师官兵英勇杀敌，终于击退了日军占领的高地。因作战有功，关麟征获国民政府颁奖的青天白日

关麟征

勋章一枚。张季鸾亲自撰写社论，赞其"爱国男儿，血洒疆场"。

卢沟桥事变后，关麟征升任新组建的第五十二军军长，率部转战于河北、河南、山东等地。1938 年 3 月，日军坂垣师团和矶谷师团分别由山东诸城、临沂和津浦路南下，企图会师台儿庄，策应津浦路南段日军，会攻徐州。关麟征部五十二军随汤恩伯第二十兵团由亳州开往津浦线向城、洪山镇一线，阻击日军南下，配合正面作战。

3 月 24 日，关麟征指挥所部向盘踞在津浦路台（儿庄）枣（庄）支线的日军第十师团濑谷旅团发起进攻。但台儿庄东北是一片平原，只有少数土丘，缺乏地形掩护，加之部队基本上是轻武器，火力不如日军，进攻非常困难。后来关麟征发现日军白天战斗活跃，晚上龟缩不动。他采用夜战火攻战术，命令部队昼伏夜出，消灭敌人，取得显著战果。

3 月 31 日下午，由临沂南下的日军坂垣师团沂州支队约 4000 余人，配备以野炮、战车，突然袭击五十二军军部。当时，关麟征身边只有一个警卫营的兵力约 300 人。在敌我力量悬殊的情况下，关麟征沉着冷静，命令警卫连长徐文亮带领仅有的 300 人，在离指挥部千米以外的地方展开佯攻，以迷惑敌人。及至黄昏，援军赶到，他迅即指挥部队反攻，在爱曲一带对日军沂州支队突然实行反包围。日军仓促应战，伤亡众多，其骑兵部队全部被歼。4 月 1 日、2 日，五十二军继续向兰陵、洪山一带日军攻击，歼灭敌人大部，有力地支援了台儿庄的防守战。

4 月 5 日、6 日，关麟征率五十二军和王仲廉的八十五军加速对台儿庄日军的攻击。白天炮击，白刃肉搏，晚

1938 年参加徐州会战时的关麟征（左）

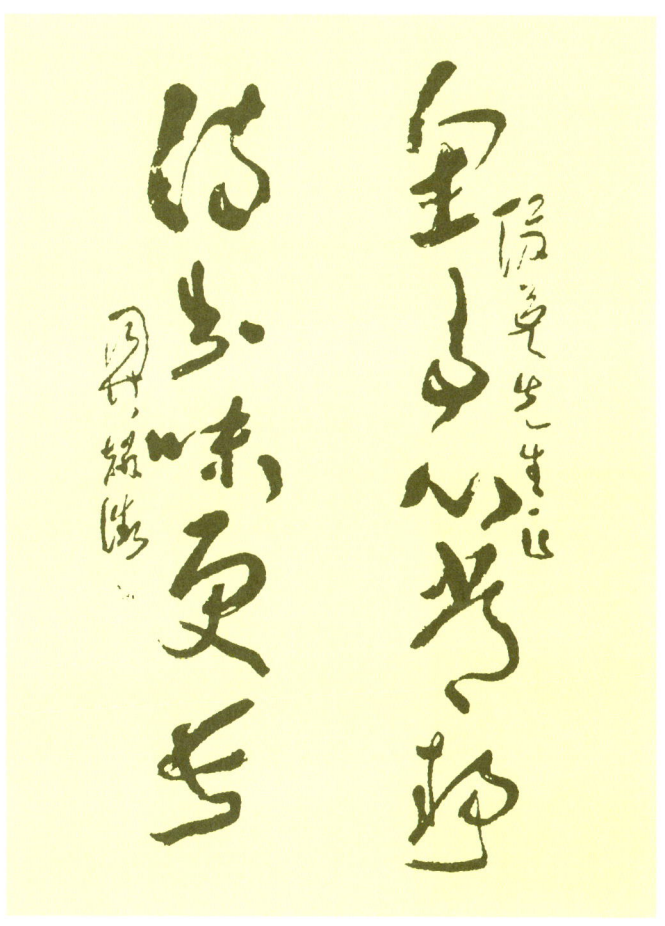

关麟征书法

上攀屋放火，乘乱追杀，使敌人日夜不宁。关、王两军相继收复了台儿庄东面的甘露寺、杨楼、陶墩等据点，从而解除了台儿庄东北方面日军的威胁。接着，关、王两军又从台儿庄北面包围了日军。4月6日夜，第五战区司令长官李宗仁下令全线反击，坚守在台儿庄正面的中国军队三十一师和第二集团军在城寨内部扫清残敌，五十二军等在外围歼灭敌人，并跟踪追击。日军狼狈向枣庄、峄县方向逃遁。中国军队取得了抗战以来最大的一次对日作战的胜利。战后，关麟征升任第三十二军团军团长。当时国内军事评论家称台儿庄战役中负责防守的孙连仲和负责攻击的关麟征为"孙钢头"和"关铁拳"。

1938年夏秋之际，关麟征又参加了武汉保卫战。1939年秋，关麟征升任十五集团军副总司令，奉命代行总司令职权，并兼任第三十七军军长，率部参加第一次长沙会战，取得了抗战史上著名的"湘北大捷"，关麟征因战功升任第十五集团军总司令，年仅34岁。

## 征战南北的抗日名将赵寿山

"妖氛弥漫寇方张，百战何辞作国殇。士卒冲锋杀敌处，娘子关外月如霜。"这是著名爱国将领赵寿山在抗战期间写下的一首绝句，表达了一位中国军人的爱国情怀。

赵寿山，1894年11月生于陕西鄠县（今西安市鄠邑区）渭丰乡定舟村。早年入西北大学预科、陕西陆军测量学校学习。1920年起在冯玉祥部任参谋、教官等职。1924年后在西北军杨虎城部任第五十一旅旅长。1936年西安事变期间，赵寿山参与指挥第十七路军解除国民党在西安

赵寿山

的军、警、宪、特等全部武装，随后兼任省会公安局局长。其间，周恩来曾和赵寿山多次交谈，坚定了他的抗日信念和与共产党合作的决心。第十七师驻防三原期间，他和红军将领任弼时、彭德怀、徐向前、杨尚昆等经常往来，给红军支援了不少武器弹药和其他物资，还提出了加入中国共产党的要求，并将两个子女送往陕北红军大学学习。

全面抗日战争爆发前后，赵寿山任国民革命军第三十八军第十七师师长。1937 年 8 月，第十七师在陕西三原集结后，南渡渭河，开赴华北抗日前线，血战娘子关，坚守中条山，屡建战功。1937 年 10 月初，赵寿山奉命率十七师由河北进入山西娘子关外围的雪花山、乏驴岭一带布防。10 月 12 日晨，日军第二十师团向娘子关发起全面进攻，十七师全军将士在雪花山与日军血战数日。赵寿山在战斗中，身先士卒，英勇杀敌，使雪花山几次失而复得。13 日晚，赵寿山为确保雪花山阵地，率领一个团的兵力出击，夺取了井陉南关车站，缴获了大批战利品。至 19 日，十七师在井陉、雪花山、乏驴岭已浴血奋战了九昼夜，为保卫山西省会太原赢得了时间，十七师也付出了重大代价。在此情况下，赵寿山率部在娘子关北面的驴桥岭上激战三昼夜，阻滞了日军的追击，掩护了其他部队的后撤。1938 年 1 月，赵寿山到延安参观，毛泽东会见他时说："七七事变后你们北上抗日，在保定、在娘子关，面对强敌不屈不挠，打得很英勇。"

1938 年 3 月，赵寿山部十七师编入第二战区东路军战斗序列，受八路军副总司令彭德怀直接指挥。当时，豫北日军第十四师团一部企图北犯太行，第十七师奉命开往

习仲勋(左)和赵寿山(右)在绥德义和镇合影

天井关，给敌以重创，又在高平关设伏，有力地打击了日本侵略军。4月初，第十七师、第五二九旅与八路军、山西抗日决死队密切配合，先后攻克长治、晋城、沁水、高平、壶关等县。5月，赵寿山率新改编的三十八军到山西平陆茅津渡，南靠黄河，北依中条山，先后粉碎了日军对中条山的11次"扫荡"，使日军西窥关中、南伺河洛的计划一再告挫。1941年春，赵寿山率三十八军移防河南后，进攻黄河铁桥南端邙山桥头堡日军阵地，半个月出击三十余次，后奉命由围攻转为围监，在黄河边上与日军对峙两年多。第一战区司令长官卫立煌表彰时说三十八军是"中条山的铁柱子"。

1942年，赵寿山再次申请加入中国共产党，经中共中央和毛泽东批准，接收赵寿山为中国共产党特别党员。1946年9月，中共中央决定组建西北民主联军第三十八军，赵寿山于1947年3月率部进入晋冀鲁豫解放区，成为人民军队的一支。解放战争期间，赵寿山先后任西北野战军、第一野战军副司令员等，协助彭德怀解放大西北。中华人民共和国成立后，赵寿山先后任青海省人民政府主席，陕西省人民政府主席、省长。1955年获一级解放勋章。

## 转战华北的抗日名将许权中

许权中，祖籍山东临淄县，1895年10月生于陕西临潼县（今西安市临潼区）交口镇。1918年参加陕西靖国军，先后任中队长、总部绘图科科长和连长等职。1925年加入中国共产党，先后任国民军第二军营长、团长、旅长。1926年秋，冯玉祥在绥远五原誓师，率国民军联军参加国民革命，许部被编入援陕军第三路，由绥远南下关中。西安解围后，许权中先后任国民军联军驻陕总司令部政治保卫部领导成员兼卫队师旅长、代理师长、西安中山军事学校总队长，为国民革命培养了一批军事骨干。

许权中

1927年7月，冯玉祥追随蒋介石在陕甘地区"清党"反共，联军政治保卫部部长史可轩被地方军阀杀害，部队被原国民军第二军的冯子明改编为暂编第三旅，许权中任旅长。12月，许率部脱离冯子明，到洛南投奔李虎臣，所部又被编为新编第三旅，许权中仍任旅长，驻守洛南三要、寺坡、灵口一带。1928年5月，全旅到华县高塘镇参加渭华起义。部队改编为西北工农革命军，唐澍任总司令，刘志丹任军委主席，许权中任总顾问兼骑兵分队队长，在渭南、华县南塬一带打土豪，建立区、乡苏维埃政权。代理陕西省政府主席宋哲元以三个师的兵力向高塘地区进攻，许权中和唐澍、刘志丹指挥军民顽强战斗，给敌

洛南县三要镇许权中旅部旧址

以很大杀伤。但因力量对比悬殊，起义于 1928 年 7 月初失败。

1933 年 5 月，在中国共产党的推动和组织下，国民党爱国将领冯玉祥、方振武、吉鸿昌在张家口成立察哈尔民众抗日同盟军，宣布反蒋抗日。许权中受中共河北省委派遣，先后任中共在抗日同盟军中组建的前敌委员会委员兼参谋长、副军长和十八师师长、军委常委等职，和宣侠父、武止戈等协助冯玉祥拟定作战计划，率部与日军作战，连战皆捷，不到一个月，先后收复康保、宝昌、沽源、多伦、独石口等失地，把日军、伪军驱逐出察哈尔省全境。由于日军、伪军联合围攻，许权中率同盟军十八师经过浴血奋战突出重围，撤退至河北省顺义县（今属北京市）。同盟军失败后，许权中到天津找到中共组织，被派往中共河北省委军委工作，和宣侠父、吉鸿昌等组织反法西斯大同盟，坚持抗日救亡运动。

1937年7月，全面抗日战争爆发。8月，许权中率第九十六军五二九旅参加华北抗日，初战告捷。10月中旬，日军进犯晋北忻口，战况紧迫。许权中奉命率部增援，与日军激战14昼夜，坚守阵地使敌无法前进。此役，许旅和友军一起歼敌千余人，使日军坂垣师团大为震惊。1937年秋末，许权中调任九十六军第一七七师参谋长。1938年5月，许权中率该师一部转战到晋南永济县张营镇，激战四昼夜，给日军以沉重打击。此后，在临猗吴王渡与日军血战两日，连续击退日军的九次进攻。接着，又指挥所部协同友军收复晋南十余县。

1939年后，许权中奉中共组织的指示，以养病为名，利用一七七师少将参议兼陕西省保安司令部参议的身份，回陕从事抗日活动。他通过各种关系，介绍和护送大批进步青年去陕北参加抗日队伍。他在家乡支持共产党员进行地下武装斗争，处决反动官吏。1943年秋，许权中被任命为中将参议兼眉县万家塬垦区主任，以搞生产为名，组织了两个连的抗日武装，准备在眉县、千阳一带建立根据地。同年12月9日被胡宗南预先埋伏的特务暗杀。

## 威震敌胆的抗日名将包森

电影《平原游击队》的主人公李向阳和《剑吼长城东》的主人公鲍真是家喻户晓的传奇式抗日英雄，其原型就是冀东抗日根据地的主要缔造者之一、冀东军分区副司令员兼十三团团长包森。

包森，1911年7月生于陕西蒲城县三合乡义龙赵家村，1932年2月加入中国共产党。1937年3月赴延安抗

包森

日军政大学学习，全面抗日战争爆发后被派往晋察冀抗日根据地独立一师工作，任第三十三大队总支部书记。1938年6月率40多人到冀东，在河北兴隆一带开辟抗日游击区，在极端困难的条件下，坚持了冀东游击战争，开辟了以盘山为中心的西部游击根据地。

在1938年7月至1940年秋两年的时间里，包森率部历经大小战斗数十次，以奇袭、奔袭、强攻、伏击等战术歼灭日、伪军数百人，缴获枪支数百支，使部队和游击区日益扩大。1939年4月下旬，包森指挥所部巧妙地活捉了前来捉拿自己的日本天皇表弟、宪兵大佐赤本，一时震动日本朝野。1939年秋，包森被任命为冀东军区副司令员。1940年2月，包森率部到达盘山，开辟盘山抗日根据地。6月下旬设伏白草洼，与日军激战14个小时，全歼日军一个骑兵中队，首开冀东整连全歼日军战斗的先河。冀东军分区十三团正式组建后，包森任团长。

经一年浴血奋战，盘山地区建立了七个联合县政府，境内人口200多万，但也引起日、伪军的恐慌和不安。1941年7月，日军华北方面军司令官冈村宁次，在接连对冀东进行了三次"扫荡"后，因兵力不足，改调四万五千伪治安军，企图控制冀东。11月26日，包森率领十三团一部发动了冀东第一次攻坚战——东双城子攻坚战，全歼敌人一个营。之后又率部在刘备寨、梁子河等地重创来敌。1942年1月，燕山口内果河沿一役，包森率部以七个连的兵力，毙俘敌伪中佐以下官兵近千人，创造了以少胜多、以弱胜强的奇迹。当时在冀东一带，包森的大名妇孺皆知，人们亲切地称他"包队长""包司令""包团长"。

1942年2月16日，包森率领十三团一部迎着刺骨的

包森雕像

寒风，向遵化西北沙婆峪口外进发。第二天行至野狐山，与"扫荡"的日、伪军遭遇。包森果断指挥，先敌开火，挫伤敌人锐气。当他上北山用望远镜观察敌情时，被敌人狙击手冷枪射中胸部。包森自知伤重，为稳定军心，他镇定地说："我负伤了，队伍由一营长指挥。"当警卫员背着他行至战场东侧小山时，他已经停止呼吸，年仅32岁。

## 中国近现代报界宗师张季鸾

张季鸾，祖籍陕西榆林县（今榆林市榆阳区），1888年3月生于山东邹平。1905年秋考取官费留学日本，次年经井勿幕、赵世钰介绍加入中国同盟会。1908年同盟会陕西分会部分留日学生创办《夏声》杂志，张季鸾被推荐为编辑，积极宣传资产阶级革命，号召推翻清朝封建专制统治。与此同时，他还与其侄张崇基创办《陕北》杂志，从此开始了他新闻事业的生涯。张季鸾曾任上海《民立报》记者，1915年在上海创办《民信日报》，1916年前往北京主办《中华新报》，1919年任上海《中华新报》总编辑。1924年1月曾发表《列宁逝世》一文，赞扬列宁是无与伦比的"千古一人"。

张季鸾

1926年，张季鸾与吴鼎昌、胡政之接办《大公报》，由吴鼎昌筹资并担任社长，胡政之任总经理，张季鸾任总编辑，改组成"新记公司大公报"。9月1日，《大公报》正式续刊，他在续刊号上发表社评，郑重提出"不党、不卖、不私、不盲"的办报方针。此后，他一直引领《大公报》同人在实践这一方针。

1931年九一八事变后，全国抗日救亡运动日益兴起，张季鸾顺应时代发展的潮流，以民族大义为重，对国民政府压制、禁锢新闻言论自由进行过多次抵制和斗争，直言不讳地提出过严厉批评，主张实行"能够发表的言论必须允许发表"的政策，不得任意扣留。1934年，《大公报》附属刊物《国闻周报》曾突破国民党的新闻封锁，连续刊载"赤区土地问题"专栏，指明红区有一整套社会制度，绝不是什么"土匪""流寇"，曾引起极大轰动。《大公报》还连续发表范长江所撰报道红军长征行迹的通讯，使国人了解了中国工农红军的真实情况。之后，《大公报》透露出中国共产党抗日民族统一战线的内容，使广大人民看到国家前途的曙光，激励了民族斗志。

　　张季鸾自担任《大公报》总编辑后，除续办《大公

大公报馆

《大公报》

报》天津版外，还主持了《大公报》上海版、汉口版、重庆版、桂林版的创办，从最初发行量不足 2000 份发展到9700 余份，使《大公报》成为自成体系的有全国影响力的大报。张季鸾经常以"不求财，不求名"勉励报社同人，并身体力行。他一生撰写了约 3000 余篇文章。续办《大公报》后，文章概不署名。他对自己的文字从不自珍，既不留底稿，也无意搜集，许多读者投书请求他结集印行，都被他婉言谢绝。

张季鸾办报强调政论，对政治、经济、社会、外交、文化等均有独到见解。他的《大公报》社评，文笔犀利、朴实，从不板起面孔训人，而是以理服人。因此，他的文章影响大、感人深。周恩来曾指出"做总编辑，要像张季鸾那样，有优哉游哉的气概，如腾龙飞虎，游刃有余"。抗战时期，《大公报》因舆论公正、服务优异，在亚洲新闻界独树一帜。张季鸾也被誉为是继王韬、梁启超之后涌现出的最有影响的中国近代资产阶级报刊政论家，堪称中国新闻界的一代宗师。

1941 年 9 月 6 日，张季鸾在重庆逝世，国共两党政要和文化名人胡适、郭沫若等纷纷致唁电唁函，称颂他是"功在国家"的"一代论宗"。

## 我国现代水利建设的先驱李仪祉

李仪祉

李仪祉，1882 年 2 月生于陕西蒲城县马湖乡富塬村。父亲李桐轩、伯父李异材均为学界骄子，又是辛亥革命时期同盟会的会员。他从小受到家庭的良好教育和爱国主义的熏陶。1909 年被选派前往德国皇家工程大学学习铁路土木工程，辛亥革命爆发后回国。1912 年参与倡办西安三秦公学。1913 年再赴欧洲留学，与郭希仁一起考察法、比、荷、英、瑞诸国的江河渠闸堤防，深感祖国水利的落后，加上郭希仁也劝他学习水利，以"继郑白之迹"，遂改入德国丹泽工科大学主攻水利专业，立志振兴中华水利事业。1922 年秋回陕任陕西省水利分局局长兼渭北水利工程局总工程师，对省内诸河流进行了广泛深入的调查研究。1925 年春主持西北大学校务。

1927 年下半年，冯玉祥附蒋反共，陕西政局大变，国民军联军驻陕总司令部被解散。李仪祉目睹现实，愤然辞职，离陕到上海任港务局局长，同时兼任南京第四中山大学教授。后去四川重庆，就任市府工程师，为成渝公路设计了老鹰岩盘道，这是他其为满意的一项工程设计，被后人誉为"巧夺天工"之杰作。1928 年任华北水利委员会委员长，1929 年又兼任北方大港筹备处主任、导淮委员会委员兼总工程师及工务处处长。他还一度担任浙江省建设厅顾问，设计了杭州湾新式海塘。1930 年在天津倡办水工试验所，为中国水利工程研究创造了条件。

1930 年冬，杨虎城任陕西省政府主席，目睹陕西"民国十八年年馑"后民不聊生的惨状，主张兴修水利，救民危难，邀李仪祉回陕任省政府委员兼建设厅厅长。在杨虎城和地方政府的支持下，使筹备多年的泾惠渠水利工程终于动工。在泾阳县张家山泾河峡谷筑坝，开渠引水，到1932 年仅三年时间就将泾惠渠建成，可灌溉泾阳、三原、高陵等县农田 50 万亩。李仪祉十分欣慰地在《对渭北人民切切实实地说几句话》一文中写道："这多年的大旱，使我父老兄弟受苦不堪"，"幸有这一大工程，人回来了，牛买了，地又种了，又渐渐有生命了"。

泾惠渠告成后，李仪祉信心倍增，他辞去建设厅厅长一职，专任陕西省水利局局长。在新任陕西省政府主席邵力子的支持下，开始勘测洛河，筹办洛惠渠水利工程。由于工程艰巨，1947 年始粗通水，直到中华人民共和国成立后，全渠工程才告完成，所灌农田达 55 万余亩。渭惠渠水利工程从 1935 年破土动工，至 1937 年 12 月完工，共灌农田 60 余万亩。还有引石头河水的梅惠渠工程，1936年 10 月动工兴建，1938 年 6 月完成，灌溉农田约 30 万亩。继而引黑河水、引沣河水、引涝河水、引沣河水的诸

1932年,杨虎城、李仪祉与外国专家视察泾惠渠水利工程途中留影

1930年冬,在龙洞渠举行引泾工程开工典礼时的盛况

1932年6月,杨虎城、李仪祉(前排左二)与外国水利专家一起视察泾惠渠滚水坝

洛惠渠渠闸工程施工情形

惠工程也相继施工，成为著名的关中"八惠"水利工程。陕南、陕北的各项水利工程也在李仪祉的设计和筹划之中。

1937年，卢沟桥事变爆发后，李仪祉抱病回陕，不顾病情日重，多方奔走，呼吁抗战，为八渠通水，殚精竭虑。1938年3月8日与世长辞。当时，《大公报》发表短评，称："李先生不但是水利专家，而且是人格高洁的模范学者，一生勤学治事，燃烧着爱国爱民的热情，有公无私，有人无我。"表达了社会对这位水利大师、一代贤哲的缅怀之情。人民为了纪念他，墓地选在泾惠渠社树分水闸后的张家山，参加送葬的群众达3万人之多，场面感人之深。

## 我国古脊椎动物学奠基者杨钟健

杨钟健

杨钟健，1897年6月生于陕西华县（今渭南市华州区）龙潭堡。在其父著名教育家杨松轩的教诲下，年轻时即许下"学术救国"的心愿。1917年先考入北京大学预科，1919年，入北京大学地质系。五四运动后与陕西旅京学生刘天章、魏野畴、李子洲等发起创办《共进》半月刊并任主编。

1923年夏，杨钟健从北京大学地质系毕业，接受老师李四光的建议，于同年10月赴德国留学，次年4月正式考入德国慕尼黑大学地质系古生物专业，专攻古脊椎动物学。1927年，以优异的成绩通过毕业论文答辩，获得博士学位。其博士论文《中国北部之啮齿类化石》发表后，立即受到国内外学者的赞誉，被认为是中国古脊椎动物学诞生的标志。1928年春，杨钟健离开德国返回祖国。

1928年夏，杨钟健任地质调查所新生代研究室副主任，与裴文中一起主持了周口店"北京人"遗址的发掘工作。次年春，他与法国地质学家德日进开始了晋西和陕北的地质旅行，针对在西北黄土高原的成因和年代问题上的争论，进行了细致的工作，为中国黄土研究工作奠定了基础。事毕，继续参加了周口店发掘的指导工作。从1929年到1934年间，杨钟健连续发表了五种古哺乳动物的专著，以及约30篇有关哺乳类化石与新生代地质研究的论文，还撰写了一些教科书及其他著作。由于他在学术上的卓越成就，被选为中国地质学会两任理事长。

杨钟健著作《自然论略》

1937年，卢沟桥事变爆发后，北平、天津相继沦陷，杨钟健只身南下，辗转到达昆明，任地质调查所昆明办事处主任，并兼任西南联合大学名誉教授。在昆明的几年中，他的主要学术活动是对云南禄丰动物群的发掘和研究，使禄丰动物群成为世界上研究恐龙的重要动物群之一，杨钟健也因此成为当时国际上最活跃和最有成就的一位古脊椎动物学者。1940年夏，杨钟健被聘为地质调查所古生物研究室脊椎古生物组主任和地质调查所新生代研究室名誉主任。同年10月随昆明办事处迁到重庆，应邀兼任重庆大学名誉教授；1946年冬任中国古生物学会理事长；1947年春兼任北京大学地质系教授。

杨钟健雕像

1948年秋，国民政府教育部任命杨钟健为西北大学校长。受命危难之秋，杨钟健郑重地说："我这一次来西北大学，绝不是维持现状的，我对西北大学有一种抱负，希望能把西大办成进步的、充实的、合理的、名副其实的西北学府。"从此之后，师生共守，诸事循章，合理通畅，教风、学风、校风渐入正轨。1949年2月，《国立西北大学地质通讯》曾报道西北大学"自由民主之风气，洋溢校内"。

杨钟健也是一位杰出的教育家，中国"黄土之父"刘东生、古鱼类学家刘宪亭、古爬行动物学家孙艾玲等一批杰出的地质学家和古生物学家都出自他的门下。中华人民共和国成立后，杨钟健任中国科学院编译局局长、科学院古脊椎动物研究室主任、中国科学院古脊椎动物与古人类研究所所长、北京自然博物馆馆长。1956年4月，杨钟健加入了中国共产党。1962年，杨钟健以卓越的学术成就和崇高的国际威望，被美国古脊椎动物学会选为名誉会员。

## 人民艺术家马健翎

马健翎

马健翎，1907年11月生于陕西米脂县东小街。在榆林中学读书时加入中国共产党。1937年在延安师范任教，组织学生成立乡土剧团，兼任编剧和导演，先后创作了话剧《中国的拳头》《上海小同胞》《白胡子老头》，杂耍《小精怪》、京剧《避难图》、秧歌剧《有办法》等，深受陕甘宁边区群众喜爱。

1938年4月，毛泽东在延安出席欢迎边区工人代表的晚会，看到群众十分喜欢台上演出的秦腔传统戏，当即向在座的边区文协主席柯仲平指示：群众喜欢的形式我们应该搞，但是内容太旧了，应该有新的革命的内容。柯仲平根据这一指示精神，随即着手筹建民众娱乐改进会，并请长于戏曲的马健翎参与其事。5月23日，陕甘宁边区民众娱乐改进会即告成立，马健翎被选为干事。改进会成立之时，即决定组建边区民众剧团，柯仲平为团长，马健翎为编导主任。此后，马健翎和民众剧团便结下不解之缘，终其一生从未离开这个戏剧团体。

在柯仲平、马健翎的领导下，民众剧团面向群众，深入基层，足迹遍及陕甘宁边区的乡镇村落，被誉为"大众艺术野战兵团"。1939 年 2 月，民众剧团唱着"你从哪达来？从老百姓中来，你又要往哪达去？到老百姓中去"的团歌下乡演出，经过 30 余地，行程约 2500 余里，为时近半年，被誉为"小长征"。一路上主要演出马健翎编写的

马健翎(右)和梅兰芳(左)亲切交谈

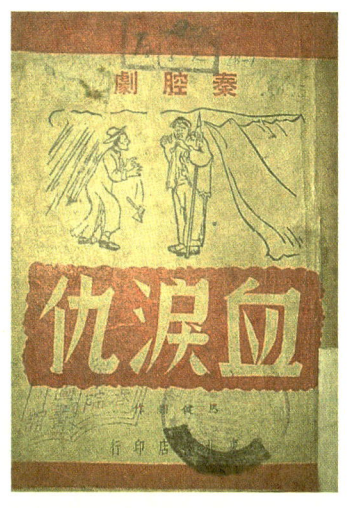

《血泪仇》剧本

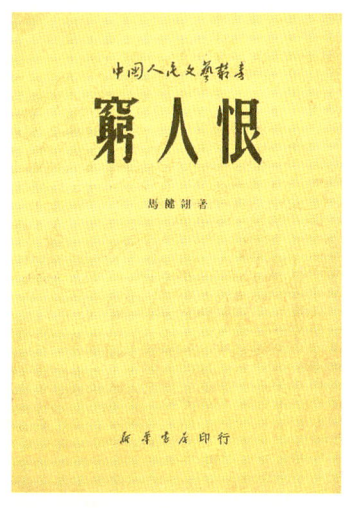

《穷人恨》剧本

宣传抗日的戏曲。

1940年，马健翎在眉户现代剧创作方面进行了有益的探索，并取得了显著成绩。年初，剧团在富县演出时，专门请来了著名的眉户戏艺人李卜。李卜来团后给全团同志教会了几十个眉户常用曲调。不久即排演了尚伯康为剧团创作的第一个眉户现代剧《桃花村》，迈出了用眉户表现新生活的第一步。接着马健翎又为剧团编写并导演了第二个眉户现代剧《两亲家》。这个戏是宣传边区实行婚姻自主新气象的，有说有笑、热热闹闹，颇富喜剧色彩。随后，马健翎又在李卜的具体协助下，编演了反映边区军民关系的眉户现代剧《十二把镰刀》，该剧主要是写青年铁匠王二与新婚妻子桂兰连夜打了十二把镰刀，支援部队收割庄稼的故事。《十二把镰刀》的演出大获成功，从边区各地演遍全国。1944年10月，在陕甘宁边区文教大会上，民众剧团获文艺工作特等模范奖旗，马健翎获"人民群众的艺术家"奖状。

马健翎延安时期戏剧创作的高峰是写于1943年的秦腔剧《血泪仇》，可以说是他的代表作。《血泪仇》和写于1945年的《一家人》、写于1947年的《穷人恨》这三个大型秦腔剧，都是以人民解放战争为背景的。走向光明边区的《血泪仇》、保卫胜利果实的《一家人》、迎接全国解放的《穷人恨》，这三个戏写在不同的时间、不同的地点，剧中人物、事件各自独立，被称为人民解放的"三部曲"。中华人民共和国成立后，马健翎虽然身任多职，仍心系民族传统戏曲艺术，在陕西省戏曲研究院任院长时，改编了大型秦腔传统戏《四进士》《游龟山》《游西湖》《赵氏孤儿》《窦娥冤》等，还领导创作了大型眉户现代戏《雷锋》《两颗铃》。《大家喜欢》《查路条》《血泪仇》等剧本被翻译在国外发行。